Mark Benecke

Lydia Benecke

Vampire unter uns!

Band II - Rh. neg.

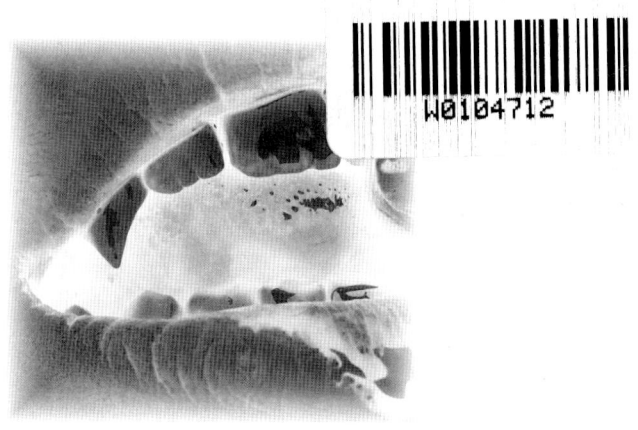

Sie erreichen die Herausgeber unter
www.benecke.com

Transylvanian Society of Dracula:
www.tsdracula.org

1. Auflage 2010

Copyright © 2010 by Edition Roter Drache und den AutorInnen.
Edition Roter Drache, Holger Kliemannel, Postfach 10 01 47,
D-07391 Rudolstadt.
edition@roterdrache.org; www.roterdrache.org
Titelbild von Suzi9mm (Jenni Tapanila).
Titelbildgestaltung: Holger Kliemannel.
Autorenfoto: Mark Benecke, Bearbeitung: Gerald Joehri.
Lektorat: E. Maria Sander.
Gesamtherstellung: Wonka Druck, Deutschland.

Alle Rechte vorbehalten.
Kein Teil dieses Buches darf in irgendeiner Form (auch auszugsweise) ohne die schriftliche Genehmigung des Verlags oder der Autoren reproduziert, vervielfältigt oder verbreitet werden.

ISBN 978-3-939459-42-2

Inhaltsverzeichnis

Vorwort — 5

Vampirismus in Deutschland — 7
   Vampire in Deutschland — 8
   Der Vampir-Fan — 13
   Der psychische Vampirismus — 15
   Der sanguine Vampir — 17
   Endworte — 20

Vampire ohne Bis(s) — 25

Plädoyer für die Vampyre und das Trinken von Blut — 41

Gedanken zur Gothic- und Vampyr-Subkultur aus psychologischer Sicht — 47
   Psychische Störungen in der Gothic-Subkultur — 48
   Vampire / Vampyre — 50
   Blut als sexueller Anreiz — 50
   Der Zwang des Bluttrinkens — 51
   Eine vampyrische Kindheit — 56
   Zeit heilt nicht alle Wunden — 57
   Die Posttraumatische Belastungsstörung — 57
   Die Borderline-Persönlichkeitsstörung — 59
   Die Komplexe Posttraumatische Belastungsstörung — 60
   Wenn die Seele zerspringt — 62
   Im eigenen Gefühl ertrinken — 64
   Wenn die Alarmanlage im Gehirn nicht mehr ausgeht — 65
   Feuer mit Feuer bekämpfen — 66
   Blut zur Emotionsregulation — 67

Gemeinsamkeiten beim ersten Blutkonsum 69
Blut, Gefühlskontrolle, Sex und Energie 70
Positive Effekte der Zugehörigkeit zur Gothic- Subkultur 72

Interview mit Real-Life-Vampyren 75

Vampire in Polen 103
  Einleitung 103
  Polnische Vampire 105
  Woran man einen polnischen Vampir erkennt und wie man sich vor ihm schützt 106
  Wie man in Polen zum Vampir wurde und was der katholische Glaube damit zu tun hat 107
  Aberglaube, Skeptiker und eine nicht-vampirische Bluttrinkerin 108
  Das beste Mittel gegen beängstigende Nachtgestalten 110

Selbstdarstellungen von Vampyren 113
  Sonne und Vampirfreunde 113
  Zwanghaftigkeit und Vampirfreunde 114
  Lycanthropie und Vampyrismus 117
  Früher war ich selbstverliebt – heute weiß ich, dass ich schön bin 120
  Für mich eine große Cola und für die Dame bitte einen halben Liter AB positiv 126
  Ich mag die Nacht. Die ist irgendwie...dunkel. 128
  Einmal Lichtschutzfaktor vierzigtausend, bitte 130
  Mama, warum haben die anderen Kinder so kurze Reißzähne? 132
  $E = mc^2$ 133

Fragebogen für Vampyre 137
Index 151
Die Herausgeber 158

Vorwort

Damit hatte niemand gerechnet – weder meine alte Freundin Jeanne aus Manhattan, die vor weit über vierzig Jahren den ersten Vampir-Fan-Club gründete, noch Nicolae, der kürzlich verstorbene Chef der *Transylvanian Society of Dracula* aus Bukarest, noch Anne Rice, noch die Buchhändler oder Filmverleiher: Dass mit *Twilight* das Zeitalter der gezähmten Vampire beginnen würde.

Denn eigentlich sind Vampire etwas sehr Dunkles, das nicht bei Sonne glitzert, sondern bestenfalls die eigenen Verwandten ins Grab zieht und nachts überwältigt, schlechtestenfalls aber lebenslange Alpträume oder das Ende der Menschheit bewirkt. Wie passt das mit den keuschen Familienvampiren der Gegenwart zusammen?

Auf der Suche nach Antworten stellten wir fest, dass die Frage, wie, wo und ob echte Vampyre wirklich existieren, noch immer ungeklärt war. Also suchten wir sie ... und fanden sie endlich – obwohl ich mir das niemals hätte träumen lassen, und obwohl ich schon 1998 das erste Mal meinen Fuß in einen Vampyrclub in Manhattan setzte...

Dass schließlich sowohl die deutschen Vampyre des *Nexus Noctis* als auch Frater Mordor und Bernd Harder mit uns sprachen, war dabei die bestmögliche Hilfe. Als die Vampyre zudem noch einen langen psychologischen Fragebogen ausfüllten, brachte das den entscheidenden Fortschritt unseres Forschens. Welchen, das werden Sie gleich erfahren. Machen Sie sich auf einiges gefasst...unter anderem darauf, dass manche Nachtgestalten nicht nur Blut, sondern auch Sonne aufsaugen können.

Noch etwas für Profis: Ja, wir haben magische Vorstellungen weitgehend heraus gelassen, obwohl das durchaus eine Rolle spielt. Im

Vorwort

Einvernehmen mit den interviewten Vampyren wollten wir uns in diesem Buch auf das konzentrieren, was untersuchbar, beschreibbar und erklärbar ist. Der Rest ist eben übersinnlich und entzieht sich damit unserem Blickwinkel.

Entfernen mussten wir leider einige Textstellen zu Lycanthropen, seelischer Schwäche und weiteren spannenden Themen, weil das schon Stoff für einen ganzen weiteren Band unserer kleinen Reihe wäre.

Immerhin wird aber auch so sehr schön deutlich, wie sich Sagen-Inhalte auch im Real Life widerspiegeln: Zwang, Energie-Armut und ein ganz besonderes Verhältnis zu einschneidenden Momenten.

Außerdem würde das psychologische Kapitel aus Band 1 grundlegend überdacht und erweitert. Wir denken, dem Geheimnis der Vampyre damit einen sehr großen Schritt näher gekommen zu sein.

Zuletzt noch tausend Dank an Holger Kliemannel von der Edition Roter Drache, der mit Geduld und guter Laune auch dieses Projekt gestemmt hat – merci bien!

Doch genug vorangestellt – jetzt geht's ans Lesen. Viel Spaß dabei! Im Namen aller Schatten und Schwäne, Vampire und Vampyre, Freaks und Fans –

Mark Benecke
Transylvanian Society of Dracula
Hotel Kaiserhof, Bielsko-Biala (Polen), August 2010

Frater Mordor

Vampirismus in Deutschland

Die Nacht ist ein Traum, in dem manche unsterblich erwachen,
doch die meisten nur sterblich schlafen.

(*Die dunklen Künste*, Fr. Mordor)

Vampire, jene dunklen Wesen, die in Romanen und düsteren Filmen ihr Unwesen treiben und ihr Unleben zelebrieren; man kann sie sich auf den Friedhöfen von Paris vorstellen oder in den verlassenen Hinterhöfen von London oder auch auf alten Burgen in Rumänien. Hollywood und neuzeitige Romane haben diese Wesen aus den Nischen der Gesellschaft heraus geholt und sie in die Großstädte getragen, wo sie in New-Age- und Gothik- Discos jagen und in Schlachthöfen zum dumpf wummernden Bass in einem Regen aus Blut tanzen.

Doch die Vorstellung, dass es diese mystischen Wesen in Wirklichkeit, direkt unter uns, direkt hier in Deutschland, geben könnte, ist eine, die man zumeist mit einem Lächeln abtut.

Vampire sind Wesen, die nur in Horrorgeschichten, seien sie geschrieben oder verfilmt, vorkommen. Und seien dicse Geschichten noch so romantisch, sei der Vampir noch so ein Gentleman und Verführer oder gar Beschützer; letztendlich bleiben Vampire immer eine Art Monster, deren Existenz untrennbar mit der Lebensenergie anderer Wesen verbunden ist – zumeist über deren Blut.

Sich diese Wesen in einer modernen, zivilisierten und wissenschaftlich orientierten Welt vorzustellen, mutet dem allgemeinen Menschen eher befremdlich an.

Vampire in Deutschland

Wie würde man sich fühlen, wenn man wüsste, dass sie zwischen uns wandeln, dass sie in der Stadt neben uns einkaufen oder uns bedienen? Dass sie in der Disco neben uns tanzen oder die Musik auflegen? Dass der Polizist, der uns das Knöllchen gibt, ein Vampir ist oder der Arzt, der unsere Kranken versorgt?

Wie würde es sich anfühlen, wenn man sein Vertrauen Wesen in die Hände legte, die aus den eigenen dunklen Träumen entsprungen sind?

Es ist schwer vorstellbar – und dennoch kann es so sein...

Eine detaillierte Beschreibung von Wesen, die im Geheimen und Dunkeln bleiben wollen, ist niemals einfach.

Über Themen zu berichten, die allgemein nicht anerkannt sind, die gefährlich sind – vielleicht sogar so sehr, dass sie die Realität beeinträchtigen – ist niemals einfach.

Daher kann dieser Artikel auch keine Bestandsaufnahme sein, sondern lediglich eine Reflektion. Vollständigkeit kann es in einer Welt voller Geheimnisse nicht geben.

Die *Evangelische Zentralstelle für Weltanschuungsfragen* (EZW) in Deutschland und einige zweifelhafte „Abhandlungen" und „Bestandsaufnahmen" zum Thema Vampirismus titeln damit, dass es sich dabei um eine gefährliche Subkultur handelt, die angeblich eine wachsende Anzahl an Interessenten hat. Beim Vampirismus handele es sich um „gefährliche Okkultideologien" die durchaus die Realität von Menschen (vornehmlich Jugendlichen) beeinflussen könnten…

Zumeist wird von solchen Stellen jegliche Form der Beschäftigung mit dem Vampirismus direkt in die Ecke des vorverurteilten Satanismus gesteckt. Weiterhin wird bei jeder Vereinigung oder Interessengruppe, die dieses Thema beinhaltet, sofort von einer Sekte gesprochen. Ein rationales Herangehen wird oft durch einen religiösen Einschlag der Prüfstellen verhindert. Ohne die Tiefe des Phänomens an sich zu kennen, wird es direkt verurteilt, dämonisiert und als gefährlich dargestellt.

Eine Form von Inquisition ist auch in der Neuzeit nicht ausgestorben.

Vampire bleiben weiterhin jene Schatten, die sie im Lichte der Zeit immer waren. Sie müssen es noch immer bleiben…

Zum eigenen Selbstschutz wird der Vampir verborgen bleiben; er gibt sein Innerstes nicht preis und wandelt mit der Maske der Menschlichkeit zwischen den Menschen.

Obwohl es in Deutschland, laut Grundgesetz, eine Religionsfreiheit gibt, die im Falle des Islam sogar Tierschutz hinter Religionsfreiheit stellt (Schächten der Tiere durch Nicht-Metzger), ist die wirkliche Religionsfreiheit nicht mehr wert als die Worte auf Papier – und wie allgemein anerkannt, ist dieses Papier sehr geduldig und verbrennt leicht in der Ignoranz.

Wer von sich in Deutschland behauptet, ein Satanist zu sein oder Vampirismus zu praktizieren, wird dadurch zweifellos eine unangenehme Ernte eintragen.

Vampirismus hat nichts mit Satanismus zu tun, außer der Verteufelung durch andere Religionen. Dass sie an manchen Stellen sicher Überschneidungen finden, ist genauso normal wie eine Überschneidung mancher Lehren im Islam und dem Christentum – dennoch sind es zwei komplett unterschiedliche Dinge.

Um zu beschreiben, wie der Vampirismus in Deutschland aussieht, müsste man zuerst definieren, was ein Vampir ist; denn gerade hier gibt es in der Subkultur viele unterschiedliche Auffassungen. Das Klischee des Hollywoodvampirs allerdings, der sich in eine Fledermaus verwandelt und im Sonnenlicht zu Asche verbrennt, kommt in keiner dieser Subkultur-Definitionen zum tragen.

Wahrscheinlich werde ich in diesen Kreisen mit dem hier vorliegenden Artikel (wieder) einige Aufruhr erzeugen, und viele werden mit den

Ideen, Definitionen oder einer solchen „Offenbarung" an sich nicht einverstanden sein.

Das ist in Ordnung! Vielleicht ist es sogar gut, wenn es verschiedene Betrachtungsweisen gibt und die meine ist sicher nur eine davon. Ich selbst bin jemand, der sich schon seit vielen Jahren mit den Randbereichen beschäftigt und habe den Vampirismus bereits erlebt, bevor er in Deutschland zu einer solchen untergründlichen Popularität aufgestiegen ist.

Nach einigen Jahren habe ich mich, wie die meisten, die man als „Ältere" bezeichnet, aus der Öffentlichkeit in dem Sinne zurück gezogen und nur noch (wie auch die meisten „Älteren") beobachtet.

Dieser Artikel ist ein kleiner Bereich dieser Beobachtungen. Wie jede Darstellung versuche ich ihn zwar sachlich zu halten, kann es aber weder durch Zahlen oder Umfragen belegen – daher kann ein solcher Artikel nur die subjektive Ansicht eines „Älteren" sein, der sich aus den aktiven Geschäften zurück gezogen hat und manchen Bereich der jüngeren Generationen daher kaum mehr ergründet.

Eine pauschale Definierung, *was* ein Vampir ist, kann man kaum geben. Laut einer veralteten Beschreibung ist ein Vampir ein (Un)Toter, der aus seinem Grab aufersteht um sich am Leben (oft in Form von Blut) der Menschen (meist Angehöriger) zu nähren.

Aus dieser Beschreibung heraus wurde der Vampir schnell zu einem Überwesen, dass übermenschliche Fähigkeiten und Kräfte besitzt. Das Bildnis des Bluttrinkens wurde pauschalisiert.

Doch selbst dies wandelte sich und mit zunehmender Medienpräsenz. Das Wesen des Vampirs veränderte sich zu verschiedenen Erscheinungsformen. Was früher ein klassisch „böser" Charakter war, wird nun zunehmend auch ein verführerischer.

Selbst in Büchern und Filmen ist der Vampirtypus heutzutage so unterschiedlich wie seine Erschaffer.

Dies zieht sich in vielen Gebieten auch in die Subkultur und das Verständnis des Vampirs fort.

Das Wesen des Vampirs ist häufig an eine starke Individualisierung gebunden. Nicht zuletzt ist jeder Vampir ein Egomane, der sein Leben als eines der höchsten Güter versteht und nicht selten (siehe Filme und Bücher) bereit ist, für dieses Leben zu töten, um sich das anderer anzueignen.

In der Subkultur gibt es daher viele verschiedene Definitionen und Namen für das Wesen des Vampirs, die mit Buchstabenveränderungen und dadurch veralteten Schreibweisen wie „Vampyr" beginnen oder Namensgebungen aus anderen Kulturkreisen integrieren (z.B. Strigoi). Oft wird auch das Wort des Schattens verwendet, um auf die Ergründlichkeit und das Bewegen in den „Schatten, jenseits der Menschheit" hinzuweisen – und nicht zuletzt als kleine Anekdote an den Schatten aus der Psychologie – der all jene Bereiche meint, zu denen der Mensch keinen Zugang hat.

Vampire in der Subkultur sind also so vielfältig wie ihre individuellen Persönlichkeiten – ebenso vielfältig wie der Mensch in seinem Charakter ist. Jeder wird für sich selber eine Definition finden, die ihn zu einem Vampir macht, ebenso wie jeder Mensch seine eigene Definition davon hat, was ihn zu einem Menschen macht.

Dass der Mensch sein Menschsein selbst untereinander nicht anerkennt (die oft durch Ländergrenzen definiert sind, aber auch andere „Grenzen" haben), macht auch diese Eigenart des Vampirs mehr als verständlich.

Viele Menschen sehen sich ihr gegenüber nicht als Mensch sondern als „Russe", „Deutscher", „Türke", „Farbiger" etc. – oder in religiösen Abgrenzungen als „Christ" oder „Islamist" etc. Jede dieser Differenzierungen hat Menschen schon ausgereicht, dem anderen das „Menschsein" abzusprechen und als Rechtfertigung zu dienen, ihn zu töten.

Die Definierung, was ein „Mensch" ist, ist eine ebenso oberflächliche wie schwammige medizinisch-wissenschaftliche Kategorisierung, die dem Einzelnen nicht viel gibt.

So sieht es auch in der Subkultur aus. Jeder findet seinen Namen, seine Existenz. Dabei sind Namen nur Schall und Rauch, nur Klang und Ton und aus Träumen gewebt, so wie die Vorstellung, dass man ein besonderes Wesen ist.

Geboren wurden all diese Träume aus der Urgestalt des Vampirs und der Schleier, der über allen liegt, ist das schwarze Tuch des Vampirismus.

Hier wird das grobe Geflecht gezeigt, aus dem dieser Schleier gewoben ist. Dies sind die groben Fasern, die das feine Gewebe zusammenhalten. Mehr oder minder werden sich die meisten Persönlichkeiten der Subkultur in einem dieser Bereiche wieder finden können.

Die Feinheiten und speziellen „Fähigkeiten" und Besonderheiten der Einzelnen werden in diesem Artikel nicht groß angesprochen. Dafür mag auf entsprechend tiefer gehende Literatur verwiesen sein.

Dass der Vampirismus, wie alles Wachsende, sich ständig weiter entwickelt, mutiert und verändert, kann immer nur das Grobe wiedergegeben werden, denn im Zustand der Beobachtung hat er sich bereits wieder verändert…

Gerade in der jüngsten Zeit hat sich ein neuer Vampir-Hype entwickelt. Solche Vampirismus-Pandemien (vorwiegend literarischer Natur) scheinen in unbestimmten Intervallen immer wieder zu kommen. Zumeist wird dies durch ein mehr oder weniger gutes Buch oder einen Film ausgelöst – und die dunkle Romantik der Blutsauger wird zu einer Sehnsucht. Liebe, aber auch Leiden, die unsterblich erscheinen.

Im Kleinen findet der Vampirismus in Deutschland (jedoch auch in anderen Ländern) hier seinen Anfang.

Für viele mag die Affinität zu Vampirbüchern oder -Filmen noch keine Zugehörigkeit zur Subkultur darstellen; doch aus einer Affinität kann eine Passion erwachsen.

Zum ersten und größten Bereich der zum Vampirismus gehörigen Personen zählt demnach wohl der Vampir-Fan.

Der Vampir-Fan

Es gibt sehr viele, denen die Idee einer Übermenschlichkeit – sei es im Sinne von körperlichen oder geistigen Fähigkeiten, oder sei es in Form einer Unsterblichkeit – sehr gefällt. Zudem finden viele Jugendliche darin eine Form von gotischer Romantik, die man heutzutage kaum mehr findet. Das Versprechen einer ewigen Liebe ist in einer schnelllebigen Wegwerfgesellschaft – in der öfter per SMS denn persönlich der Partner verlassen wird – eine Ideologie geworden, die auf ihre finstere Art heilig wirkt.

Es sind fantastische Geschichten über Wesen, die mehr sind als ein Mensch, nicht so ersetzlich wirken und etwas Besonderes sind. Bei Vampiren hat man den Eindruck, dass diese wahre Individuen sind und nicht nur ein Jemand, der in der Masse verschwimmt.

Die Musikrichtung des Dark-Wave und Gothic hat viele Vampirmotive für sich entdeckt und sie integriert. Es gibt Lieder, die über Vampire handeln und ganze Bands, die ihre Musik selbst dem Vampirismus und dessen Strömungen verschrieben haben.

Digital gibt es zusätzlich Computerspiele, in denen man virtuell zu einem Vampir wird und in seine Rolle schlüpfen kann, indem man mit Tastatur und Maus sein Alter Ego auf dem Bildschirm steuert.

Weiterhin gibt es Rollenspiele, die sich dem Vampirismus hingeben. Hier sind es Pen & Paper-Spiele, bei denen man gemütlich zusammensitzt und geistig in die Rolle eines Vampirs springt. Ein Spielleiter gibt den Verlauf vor und anhand eines Charakterbogens und mit Würfeln werden Aktionen gespielt und Ereignisse „erlebt."

Daneben gibt es noch das LARP (**L**ive **A**ction **R**ole **P**laying), in welchem man den Charakter selbst darstellt. Man kleidet sich also wie die

Figur, die man spielt und wird sie selbst. Es ist eine Art freies Schauspiel, in der man mehr als nur virtuell in diese Welt eintauchen kann.

Zudem gibt es jene, die von dem Wesen des Vampirs an sich, sei es geschichtlich, wissenschaftlich oder als Mythos, fasziniert sind. Diese Forscher verbringen Zeit damit, Fakten und Mythen zu sammeln und den Träumen einer anderen Welt hinterher zu jagen. Sie mögen vielleicht nicht mal die Klischee-Musik, die düster klingen soll, sondern sind einfach nur von der Wesenheit oder dem Faktum des Vampirismus an sich interessiert.

In all diesen Kreisen mögen sich Suchende befinden, die tiefer in das Geheimnis des Vampirismus vorzudringen suchen, die vielleicht von sich selber glauben Vampire zu sein oder versuchen Wege zu finden, einer zu werden.

Wenn man sich mit dem Vampirismus beschäftigt, wird man unweigerlich auf das Gebiet der Lebensenergie stoßen und zu den Bereichen, wie man Energie beeinflusst und vielleicht sogar zu seiner eigenen macht.

Dies macht noch keinen Vampir aus. Das Leben besteht daraus, Energie von anderen (meist Pflanzen und Tieren – als Nahrung; aber auch in Form von Arbeitskraft oder selbst Geld) zu nehmen und sie zur eigenen umzuwandeln. Wenn man sich dies bewusst macht, ist die Hingabe an den Vampirismus nur eine bewusstere Form von Dingen, die der Mensch sowieso jeden Tag macht.

Diese bewusstere Form mag irgendwann so weit gehen, dass man die Energie des Lebens, der Existenz selbst, verwendet und sie für sich selbst benutzt. Dies ist die Form des psychischen Vampirismus.

Der psychische Vampirismus

Der zweitgrößte Kreis jener, die man zum Vampirismus zählen mag, sind die psychischen Vampire; wobei man dieses „psychisch" in doppelter Hinsicht verstehen kann.

Einerseits mag es jene „Vampire" geben, die Energie von anderen Lebewesen beeinflussen und sie für sich benutzen; auf der anderen Seite kann man darunter aber auch Menschen verstehen, die sich einfach zum Vampirismus hingezogen fühlen und so tun, als seien sie Vampire.

Es gibt Menschen, die sich für Vampire halten, jedoch nach den ungeschriebenen „internen Definitionen" der Subkultur keine Vampire sind. Diese Menschen identifizieren sich stark mit der Wesenheit des Vampirs und gehen über das Maß des Rollenspiels hinaus. Sie kleiden sich, wie sie glauben, dass Vampire sich kleiden würden; tragen vielleicht falsche Eckzähne und versuchen, einem vampiralen Lebensstil nachzueifern. Sie besitzen jedoch keinerlei Aura oder „Fähigkeit" eines Vampirs. Solche Personen treiben sich häufig in den Weiten des Internets herum, in welchem sie behaupten können, etwas zu sein, ohne es verifizieren zu müssen. Dort geben sie sich häufig Namen, die das Dunkle in ihnen hervorheben sollen und daher irgendwo ein „Dark" oder Ähnliches beinhalten oder verwenden Namen aus gängigen Romanen wie ‚Lestat' – oder ‚Louis de Irgendwas'.

Das soll nicht heißen, dass dies pauschal gilt. Es ist lediglich eine Auffälligkeit. In der Subkultur werden solche Personen häufig als „Poser" bezeichnet.

Die meisten der wirklichen psychischen Vampire hingegen wissen gar nichts von ihrer Natur. Es sind Menschen, die anderen unbewusst die Energie aussaugen, sie für ihre Dinge vereinnahmen und sie verschiedenster Ressourcen berauben. (Je nachdem, was man alles unter dieses Gebiet zählt, ist definitiv dieser Bereich der Größte, denn ganze Nationen verfahren nach diesem vampiristischen Prinzip).

Diese Energiesauger tun dies jedoch nicht bewusst, es liegt in ihrer Natur; in ihnen herrscht eine Art Energiedefizit, das sie mithilfe der Energie anderer auffüllen. Diese Parasiten tun dies oft nicht nur auf einer energetischen Ebene, sondern beherrschen dies nicht selten auch auf der materiellen. Dafür verwenden sie verschiedene Manipulationstechniken, die von Mitleid bis hin zu Gewalt gehen. Manchmal sind es aber auch einfach nur Menschen, deren bloße Anwesenheit einen müde macht, so dass man unbewusst registriert, dass sie einem auf die Energie drücken.

Die bewussten psychischen Vampire, die häufig auch Psi-Vampire genannt werden, setzten die energetischen Techniken bewusst und direkt ein.

Inwieweit man an eine Aura, körperlichen Energiefluss, Chi etc. glaubt, ist jedem selbst überlassen. Es sei kurz erwähnt, dass jeder Mensch wissenschaftlich nachweisbar ein elektromagnetisches Feld besitzt und auch Biophotonen in seine Umwelt abstrahlt. Wie dem auch sei, Psi-Vampire manipulieren mittels verschiedenster Techniken ihr Energiefeld und das der Menschen um sie herum. Mittels dieser Techniken ziehen sie anderen Menschen Energie ab und machen sie zu ihrer eigenen. Dieses Phänomen wird in manchen Kreisen als „Draining" bezeichnet.

Die meisten der sich selbst als solche bezeichnenden Vampire in Deutschland behaupten von sich, psychische Vampire zu sein. Diese Form des Vampirismus bietet allerdings auch einige Vorteile – sie ist noninvasiv, hinterlässt also keine sichtbaren Spuren oder Verletzungen. Man braucht sich z.B. nur in eine Disco zu setzen und die Energie um sich herum aufzusaugen. Man braucht, selbst wenn man es gegen den Willen des Gegenübers macht, keine Genehmigung – da ein körperliches Energiefeld derzeit nicht messbar ist, können Angriffe auf dasselbe auch nicht als Straftat gewertet werden.

Man benötigt weder spezielle Werkzeuge noch Zähne, es besteht keine Gefahr einer Infektion mit Keimen und man kann mehr oder minder anonym in seinem Tun bleiben.

Manche Psi-Vampire behaupten, aus all diesen Gründen wäre diese Art des Vampirismus die „gehobenste".

Allerdings sind genau diese „Vorteile" auch die Gegenargumente. Denn da es sich kaum nachweisen lässt, behaupten andere, dass es sich beim psychischen Vampirismus größtenteils um Gedankenbilder der „Praktizierenden" handelt.

Selbst wenn nicht, so wird beim psychischen Vampirismus häufig angeführt, dass es sich dabei um durchaus erlernbare Techniken handelt, die von jedem Menschen praktiziert werden können und daher keinen Vampir ausmachen.

Allein anhand dieser Darlegungen sieht man wieder die Probleme in der Definition eines Vampirs. Allerdings handelt es sich, unabhängig davon wie derjenige definiert wird, der die Techniken ausübt – sei es Mensch oder Vampir – dennoch um eine Form des Vampirismus, denn man greift auf die Energie eines anderen Menschen zu.

Die geistig und in Form von Romanen und Filmen am weitesten verbreitete Vorstellung des bluttrinkenden Vampirs ist, was den Personenkreis in der Subkultur betrifft, die wohl kleinere Sparte.

Der sanguine Vampir

Das Bild, wie ein Vampir einem Menschen in den Hals beißt und das Blut hervorsprudelt, gibt es in der Subkultur so gut wie nicht und wird zumeist verneint und abgelehnt.

Der sanguine Vampir ist die Form des Vampirs, die man sich dennoch am ehesten auch unter dem Begriff des Blutsaugers vorstellt. Hierbei handelt es sich um jene, die tatsächlich das Blut von anderen trinken und daraus Energie und Emotionen ziehen – letztendlich hierdurch das Leben.

Zumeist findet ein solcher Austausch in einem sicheren Umfeld, zwischen Spender (Donor) und Vampir statt, zumeist gesichert durch einen Bluttest seitens des Spenders.

Meistens wird zur Blutgewinnung spezielles Material (Blutabnahme) verwendet, aber auch ein Messer, Skalpell oder eine Rasierklinge, mit der die Haut geritzt oder geschnitten wird. Die Menge an getrunkenem Blut bleibt dabei realistisch meist recht gering.

Der Biss als Technik wird nur sehr selten verwendet, da er erhebliche Gefahren beinhaltet und daher in einem solchen Vertrauensverhältnis, wie es zwischen Spender und Vampir meist herrscht, nicht angewendet wird, um Schaden zu vermeiden. (Was nicht heißt, dass nicht gebissen wird – manchmal mag sogar Blut dabei fließen –, aber der Biss wird normalerweise kaum als Mittel angewendet, um realistisch an Blut zu gelangen.)

In der Subkultur selbst gibt es zumeist Regeln, die dem beidseitigen Schutz dienen und allgemein wird anerkannt, dass Sicherheit im Vordergrund steht.

Solche Blutabnahmen und das Trinken sind nicht selten ein sehr erotischer Akt und jedes Mal ein sehr persönlicher Austausch.

In der Wissenschaft gibt es Begriffe wie Hämatophagie und Hämatophilie für das Trinken von Blut. Dies bezeichnet teilweise auch den körperlichen und / oder geistigen Drang und die Notwendigkeit Blut zu trinken, damit der Vampir bei Kräften bleibt. In der Medizin wird dieses Phänomen auch gerne schnell als eine Art Psychose angesehen und als sexuelle Paraphilie bezeichnet.

Viele sanguine Vampire behaupten, dass es für sie in unbestimmten Abständen notwendig ist, Blut zu sich zu nehmen. Menschenblut ist dabei, rein energetisch und genetisch, besser verwertbar als das Blut eines Tieres.

Die Gefahren des sanguinen Vampirismus, sowohl für den Spender (Blutverlust, Verletzungen, Infektionen etc.) wie für den Vampir

(Körperverletzung beim Spender, Krankheiten durch das Blut etc.) sind beiden Seiten zumeist sehr bewusst. Daher wird auch ein gehobenes Maß an Achtung und Sicherheit erwartet und darauf geachtet. Nichts geschieht gegen den Willen.

Der menschliche Leser, für den das Phänomen des Vampirismus eines aus Geschichten und Legenden ist, mag von der Vorstellung, dass jemand das Blut eines anderen trinkt – und dies auch noch im gegenseitigen Einverständnis, vielleicht sogar zur gegenseitigen Lustgewinnung – befremdet, vielleicht sogar angeekelt sein. Doch im Grunde ist diese Form der Abneigung nur eine Reaktion auf etwas Ungewohntes, denn an sich ist dieser Austausch nur ein intimer Akt. Blut und Fleisch haben die meisten Menschen schon im Supermarkt an der Fleischtheke gekauft, zwar nicht das eines Menschen, aber macht es das besser?

Doch die vermutete Natur des Bösen und ein Kern dunkler Wahrheit liegt sehr wohl in den Geschichten, die sich um den Schatten ranken, der durch die Nacht streift und Menschen das Leben nimmt.

Die Subkultur des Vampirismus wird, gerade von christlichen Stellen, sehr kritisch angesehen und darin wird viel Böses vermutet. Dass es diese Natur durchaus gibt, sei unbestritten… Doch findet sich in genannter Subkultur viel mehr Respekt und gegenseitige Anerkennung als in den meisten anderen menschlichen Bereichen. Dieser Respekt bietet auch ein hohes Maß an Sicherheit, durch Selbsterkenntnis und Selbstkontrolle.

Das von den Menschen als solches definierte „Böse" findet sich in viel häufiger und größerer Form in seinen eigenen Reihen; die Schrecken, welche die heutigen moralisierenden und verurteilenden, großen Religionen anderen angetan haben, sind in keiner Weise mit dem zu vergleichen, was in der Subkultur stattfindet – selbst wenn es auch dort die Dunkelheit in ihrer reinsten Form gibt…

Das seltenste und gefährlichste Phänomen, das auf dem alle warnenden Stellen ihre Parolen aufbauen, sind die Jäger. Dies sind jene Vampire, die – oft sogar in der Subkultur selbst – als psychisch Kranke angesehen werden. Jene, die dunkle Dinge tun, die einen (Straf-)Tatbestand erfüllen. Dies sind Vampire, die über jede Grenze hinausgehen und sich Blut nehmen, ohne einem Codex – außer vielleicht ihrem eigenen oder den verbotenen – zu folgen.

In ihrer Welt wollen sie göttergleich und unsterblich werden; sie dienen der Natur und unterwerfen sich nicht den Regeln der Menschen. Für manche von ihnen mag die Jagd auf die ultimative Beute – den Menschen – einen ebensolchen Reiz ausmachen, wie für den Menschen die Jagd auf ein wildes Raubtier.

Durch die Geschichte sind verschiedene Fälle von solchen „kriminellen" Vampiren bekannt geworden. Manche mögen in den Statistiken unter Mord oder Folter einfach untergegangen sein. Gegeben hat es sie durchaus und es gibt sie noch immer.

Mit einem zunehmenden Maß an wissenschaftlichen und kriminaltechnischen Möglichkeiten wächst jedoch auch die ‚Herausforderung' an den Jäger, denn der Jäger ist nur dann vollkommen, wenn er nicht als solcher erkannt wird.

Endworte

Es gibt Welten neben, unter und über der des Menschen. Es gibt Menschen, die so edel sind, dass sie sich von den anderen durch ihre Taten abheben. Der Großteil der Menschheit jedoch dümpelt auf einem recht bescheidenen, geistigen und kontrollierten Niveau herum und lässt sich vom TV ruhig stellen und von den Medien so weit einschüchtern, dass er kontrollierbar genug bleibt, um ihn auszubeuten.

In diesem Artikel habe ich beim psychischen Vampirismus die Verbindung dazu gezogen, dass ganze Nationen bei bestimmter Definitionsfolge dieser Art des Vampirismus frönen, sei es indem sie durch Steuern ihre Bürger aussaugen oder sei es, dass sie andere Länder wirtschaftlich und an Schätzen oder Arbeitskraft ausbeuten – die Liste ist endlos…

Bei näherer Betrachtung stimmt dies aber nicht direkt, denn eigentlich handelt es sich hierbei weniger um eine Art des Vampirismus, als um eine Form des Melkens. Denn die Bürger wissen um das, was mit ihnen getan wird – ihnen wird nur eingeredet, es wäre gut für sie.

Man braucht Feindbilder, um Massen zu kontrollieren. Im Kleinen funktioniert dies tatsächlich sogar noch mit dem Bild des Vampirs.

Es gibt diese Realität neben der des Menschen – Vampire sind unter ihnen. Und selbst wenn es nur besondere Persönlichkeiten sind, die diesen Namen für sich beanspruchen – so wie man einen Titel für sich beansprucht – so sind sie ebenso real.

Menschen fürchten, was sie nicht kennen. Vampire sind Wesen, die nach wie vor im Dunkel bleiben und viele ihrer Taten und Angewohnheiten wird der Mensch nicht verstehen. Der Urtypus dieser Angst vor ihnen scheint noch in den meisten Menschen, neben einer Form von Faszination, fest verwurzelt zu sein.

Angeblich handelt es sich bei jenen, die sich mit dem Vampirismus auf den verschiedenen Ebenen beschäftigen, um einen großen Personenkreis der untereinander real und virtuell vernetzt ist.

Abgesehen davon, dass solche Aussagen mehr als nichts sagend sind, lassen sie ein vollkommen falsches Bild entstehen.

Es gibt durchaus Personen, die sich zu Gruppen (Häusern, Covens, Havens etc.) zusammengeschlossen haben, diese Gruppen sind aber zumeist sehr klein. Es gibt durchaus auch reale Treffen und solche Vereinigungen, die in mehr oder minder großen Abständen tatsächlich zusammenkommen – zumeist handelt es sich dabei aber um Vereinigungen, die sich im Internet zusammengeschlossen haben und selbst, wenn sie eine Vereinigung darstellen, ist es nur sehr selten, dass alle gemeinsam sich treffen.

Die meisten Gemeinschaften und den meisten Austausch zu dem Thema gibt es auf internen Seiten im Internet, auf denen teilweise auch recht brisante Themen besprochen werden.

Wirklich reale Zusammenkünfte und Vereinigungen gibt es zwar, sie sind aber eher selten.

Dies mag vorwiegend an der starken Individualisierung liegen; Vampire sind von Natur aus eher Einzelgänger. Es sind Wesen, die ihrem Leben einen hohen Wert beimessen und sich daher nur schlecht in Gemeinschaften ‚unterwerfen' können. Gemeinschaften können aber nicht ohne eine gewisse Struktur bestehen, durch die sich Individuen oft eingesperrt fühlen.

In den virtuellen Weiten des Internets funktioniert dies weitaus besser, da man größtenteils sowieso anonym ist und Strukturen dort nur bedingt und oberflächlich zum Tragen kommen.

Oft existiert zwar der Wunsch, in den geregelten Strukturen eines Tempels oder Ordens mehr zu lernen, als man durch Eigenstudium und eigene Kraft erreichen könnte; oft ist auch die zusammengeschlossene Macht einer Vereinigung und die dadurch größeren Möglichkeiten zu lernen und ggf. zu lehren durchaus reizvoll – aber es macht auch Angst. Denn viele ‚Vampire' (auch wenn sie sich als Außenseiter der Gesellschaft sehen und als Teil von etwas, das mehr ist – ggf. auch erhabener ist als die Menschlichkeit) fühlen sich dennoch durch gewisse Sicherheiten und eingefahrene Bahnen, die sie durch eben jene Gesellschaft haben, doch sehr gestützt. Der Schritt noch tiefer zu gehen, ist manchen dann doch ein Schritt zu tief in das Dunkel.

Menschen, die sich zum Vampirismus gehörig fühlen, suchen nicht selten die Nähe zu Großstädten, da diese mehr Möglichkeiten in verschiedenste Richtungen bieten. Sei dies die Möglichkeit der psychischen Vampire, Menschenmengen in Discos etc. aufzusuchen; sei dies die Suche nach Gleichgesinnten oder einfach eine Art von Schutz, den die Anonymität einer Stadt eher zu bieten vermag als ein ländliches Leben, wo jeder jeden kennt und sich unliebsame Geschichten und Gerüchte schnell weiter tragen.

Aber sei es auch, weil die gefährlichsten Schatten hier in den Abgründen der Straßen untertauchen und ihre Jagd beginnen...

Das Dunkel wartet hier draußen. Und im Dunkel verbergen sich die Schatten. Hier sind die Bereiche, die jenseits derer des Menschen liegen und von ihren Regeln und Gesetzen nur am Rande berührt werden.

Sie sind gefährlich und verführerisch.

Doch nur, weil sie oft nicht verstanden werden, bedeutet dies nicht, dass sie böser sind als die Dinge im Licht.

Vampire trauen sich in jene Bereiche, die andere nicht zu betreten wagen – sie sind bereit, ihr Innerstes zu erforschen und darin mehr zu finden als den Kern, den die Gesellschaft als Menschlichkeit definiert.

Namen sind nur Namen. Was ein Individuum ausmacht, ist die Erkenntnis dessen, wer und was man ist.

<u>Der Autor:</u> Mordor (Frater Mordor; „Frater", lat. für „Bruder" bezieht sich auf seine Ordensarbeit) ist Schriftsteller und Künstler. Er hat Meistergrade in verschiedenen Kampfkünsten (Ninjutsu [BBT] und Kick-Boxen), ebenso in verschiedenen Energiearbeiten.

Er lernte in verschiedenen Orden, Dojos und anderen Schulen und setzte sich dabei auch wissenschaftlich und unter Einbezug von Naturgesetzen (vorwiegend Physik und Biologie), Psychologie und Medizin mit Themen wie Magie, Okkultismus und Vampirismus auseinander. Er beschäftigt sich mit den Randbereichen der menschlichen Welt und versucht sein Wissen und seine Erfahrungen (auch in Extrembereichen) ständig zu erweitern.

Er hat verschiedene Bücher zu okkulten Themen veröffentlicht. Sein Buch über Vampirismus wurde von der Bundesprüfstelle indiziert.

Bernd Harder mit Mark & Lydia Benecke

Vampire ohne Bis(s)

Blutsauger haben goldene Augen, leben abstinent und sind der Traum aller weiblichen Teenager – zumindest in der Buchreihe „Bis(s)", die wieder einmal einen Vampir-Boom ausgelöst hat. Echte Vampire sind dagegen häufig verschattete Existenzen, denen es an Energie mangelt. Und die müssen sie sich holen. Der Kriminalbiologe Dr. Mark Benecke und die Psychologin Lydia Benecke haben die „Vampyr-Szene" intensiv ausgeforscht. Der Journalist Bernd Harder vom *Skeptiker*-Magazin sprach mit den beiden.

„Dracula" war in Bram Stokers Erzählung von 1897 ein Erotomane auf dem Kreuzzug gegen die Tabus und Prüderie des viktorianischen Zeitalters – Liebhaber und Verführer, Blutsauger und Zerstörer. Liest man aktuelle Vampir-Romane, hat man das Gefühl, in einer Fotolove-Story der „Bravo" zu blättern.

Lydia: Das ist richtig. Der Sunnyboy-Vampir Edward Cullen aus der „Bis(s)-Reihe" zum Beispiel verkörpert nichts anderes als den klassischen Märchenprinzen. Er wird als überirdisch attraktiv dargestellt, ist moralisch hochstehend und stets um das Seelenheil seiner menschlichen Partnerin Bella besorgt, die er allzeit aus gefährlichen Situationen rettet. Ganz im Gegensatz zu „Dracula", der als egoistisches, triebgesteuertes Wesen auftritt, christliche Werte verabscheut und die von ihm begehrte Frau Mina nicht beschützen, sondern besitzen will.

Mithin war der Vampir á la „Dracula" eine subtile literarische Metapher für Sexualität. Heute scheinen die „Bis(s)"-Romane eher der Gegentrend zur viel zitierten Übersexualisierung der Gesellschaft zu sein.

Lydia: Beide Romankonzepte bedienen die Grundbedürfnisse ihrer Zeit – und die sind in der Tat völlig gegensätzlich. „Dracula" steht für das wilde, rücksichtslose Ausleben sexueller Bedürfnisse, symbolisiert durch das Beißen und Aussaugen. Edward dagegen tut alles, um seine blutlüsternen – also sexuellen – Triebe im Zaum zu halten. Beide, Dracula wie Edward, waren beziehungsweise sind Idole, besonders bei weiblichen Lesern. Wahrscheinlich hat das etwas mit Grundbedürfnissen zu tun, die in der Realität nicht befriedigt werden.

Welche Bedürfnisse treiben die „Fanpires" von „Bis(s)" und „Twilight" denn um?

Lydia: In der Vergangenheit fanden Wünsche nach Selbsterfüllung und sexueller Freiheit ihren Ausdruck in den Phantasien um die amoralische und zügellose Gestalt des Grafen Dracula. In unserer heutigen Gesellschaft haben glücklicherweise auch Frauen mannigfaltige Möglichkeiten zur Selbstentfaltung – im Beruf ebenso wie in Partnerschaft und Sexualität. Die Kehrseite dieser Entwicklung ist aber, dass Beziehungen oft eben nicht ein Leben lang halten, und dass der konservative Traumprinz, der Sex, Treue, Romantik und Sicherheit gleichermaßen garantiert, eher ein Auslaufmodell ist.

Aus dieser Perspektive ist nachvollziehbar, dass ein Romanheld wie Edward, der seine Triebe im Griff hat und Sex nur in einer gefestigten Liebesbeziehung praktiziert, viele Leserinnen mehr anspricht als der hemmungslose Dracula – dessen Lebensstil in einer heutigen Großstadt vermutlich kaum mehr auffallen würde.

Mark: Das kann ich unterstreichen. Meiner Erfahrung nach handelt es sich bei den harten „Bis(s)"-Fans weniger um Menschen, die sexuell zu wenig erleben – das vielleicht auch –, sondern eher einen unerfüllten Wunsch nach vollkommener Nähe haben. Dieses Motiv wird durch das Vampirische nach wie vor bedient: ewige Liebe.

Das könnte man wohl durchaus positiv sehen – wenn die „Bis(s)"-Autorin Stephenie Meyer nicht gerade bekennende Mormonin wäre, die an der Brigham-Young Universität im Mormonenstaat Utah studiert hat. Einer Institution, deren „Ehrenkodex" unter anderem außereheliche und homosexuelle Beziehungen untersagt.

Lydia: Ja, die Cullen-Familie in der „Bis(s)"-Reihe lebt im Einklang mit mormonischen Grundwerten. Der dreizehnte Glaubensartikel der Mormonen fasst diese Einstellung so zusammen: „Wir glauben, dass es recht ist, ehrlich, treu, keusch, gütig und tugendhaft zu sein und allen Menschen Gutes zu tun (...). Wenn es etwas Tugendhaftes oder Liebenswertes gibt, wenn etwas guten Klang hat oder lobenswert ist, so trachten wir danach."

Damit steht der Lebensstil der Cullens in strengem Kontrast zu den anderen Vampiren, die „böse" sind und ihre Triebe ohne Rücksicht auf Menschenleben ausagieren. Die Vampire in den „Bis(s)"-Romanen sind stereotype Figuren, rigide in Gut und Böse eingeteilt. Stephenie Meyers Botschaft ist mithin typisch für ihren mormonischen Glauben: Sündige Regungen müssen mithilfe starker moralischer Überzeugungen kontrolliert werden.

Andererseits ist die Idee, christliche Werte und Moralvorstellungen in eine Vampir-Geschichte zu verpacken, gar nicht so neu. Auch in Bram Stokers „Dracula"-Roman behalten die Werte, Normen und Institutionen der bestehenden gesellschaftlichen Ordnung die Oberhand:

Der Kampf gegen die verdrängten Triebe wird am Ende durch Draculas Vernichtung gewonnen.

Euer Buch *Vampire unter uns!* möchte erklärtermaßen dem Vampir-Thema „ein wenig Real Life" beigeben. Tatsächlich besteht die Vampir-Szene nicht aus jugendlichen „Bis(s)"-Fans. Was sind und tun „echte" Vampire?

Mark: Echte Vampyre – das „y" im Namen markiert den Unterschied zu den Vampiren aus Film und Literatur – sind eine zahlenmäßig sehr kleine Subkultur, die weltweit nur wenige tausend Anhänger hat. Es handelt sich um Menschen, die von Zwängen, Ängsten und manchmal auch Blutdurst oder Energiehunger getrieben werden.
Das mag befremdlich klingen, aber ich kenne mehrere „echte" Vampyre und finde sie sehr sympathisch. Darüber hinaus halte ich sie, wenn sie sich – wie jeder andere auch – ihre Schwächen eingestehen, für durchaus entspannt. Niemand von den Vamypren findet die weichgespülten „Bis(s)"-Romane oder „Twilight"-Filme gut. Kein Wunder, denn bei den echten Vampyren geht es wie in allen „identity groups", um viel tiefer gehende Seelenregungen. Dazu mal ein Zitat einer echten, organisierten Vampyrin aus einer E-Mail an mich:

> Es war sehr schön, mit dir zu sprechen, zu trinken und zu feiern. Ich weiß nicht, ob Dir das so bewusst ist, aber Markus und ich haben noch einmal darüber gesprochen, wie schön es war, das Gefühl vermittelt zu bekommen, dass wir keine Irren sind und dass wir sogar in einem Saal voller Leute ohne Scham die Hand heben konnten, als Du gefragt hast, wo die Vampyre sitzen. Nach all der Zeit, die wir damit verbracht haben, uns im Verborgenen zu halten und niemandem etwas von unserem „wahren Ich" (so pathetisch das klingen mag) zu zeigen, war es wie eine Befreiung,

wenigstens für ein paar Stunden ganz wir selbst zu sein. Vielen Dank auch dafür. Das hat sehr gut getan.

Lydia: Die *Atlanta Vampire Alliance* (AVA)[1] hat im Jahr 2006 online Personen befragt, die sich selbst als Vampyre sehen. Demnach besteht die Szene aus etwas mehr Frauen als Männern, der Großteil ist unter 30 Jahren alt. Nur 48 Prozent der weiblichen und 66 Prozent der männlichen Vampyre sind heterosexuell – ein größerer Anteil ordnet sich als bi- oder homosexuell ein.

Des Weiteren fällt auf, dass viele der Studienteilnehmer von schwierigen Kindheitserlebnissen berichten. Fast die Hälfte der Befragten wurde körperlich misshandelt, sexuell missbraucht oder erlebte beides. Da verwundert es nicht, dass sehr viele an einer diagnostizierten Depression, viele auch an verschiedenen Angststörungen, Zwangsstörungen, Schlafstörungen und chronischen Kopfschmerzen leiden. Außerdem sticht hervor, dass laut deren Angaben ungewöhnlich viele Hochbegabte (IQ zwischen 125 und 175) unter den Vampyren zu finden sind.

Ist die Vampir-Szene mithin eine Art Therapiegruppe für psychisch Kranke?

Lydia: Der genannten Studie zufolge scheint es besonders viele seelisch belastete Menschen in der Vampyrszene zu geben. Eine Szenezugehörigkeit an sich kann niemals eine Therapie ersetzen. Aber sie kann soziale Isolation – an der viele Menschen mit Depressionen und Ängsten leiden – mildern. Auch das Gefühl, mit dem „Anderssein" nicht alleine dazustehen, also mit den eigenen Besonderheiten in einer Gruppe akzeptiert zu werden, kann entlastend wirken und den Betroffenen helfen, sich selbst etwas positiver wahrzunehmen. Interessant finde ich, dass

---

[1] www.atlantavampirealliance.com

von den Befragten nur acht Prozent sagten, sie würden lieber „normal" sein und ihr Empfinden, ein Vampyr zu sein, aufgeben. Diese Quote ist unserer Erfahrung nach höher.

Allerdings gaben drei Viertel der Befragten an, überhaupt keiner festen Vampyr-Gruppe anzugehören und das Bluttrinken und/oder Energieziehen hauptsächlich an privaten Freunden, Beziehungs- oder Sexualpartnern einvernehmlich auszuleben. Viele nehmen als Ersatz für menschliches Blut auch tierisches Blut her und – für mich überraschend – Schokolade!

Gibt es Überschneidungen mit der Gothic-Szene?

Lydia: In der AVA-Studie gab nur etwa ein Drittel der Vampyre eine Zugehörigkeit zur Gothic-Szene an.

Wo könnte ich eine Vampyrin kennenlernen?

Mark: Die Szene spielt sich vorwiegend im Internet ab, teils mit regelmäßigen Treffen im realen Leben. Wer sich mit den ganzen Sigils, den vampirischen Erkennungszeichen, auskennt, könnte eine/n Vampyr/in auch im Alltag erkennen, etwa an einem Bladed Ankh. Die Chancen sind aber gering.

Und wie groß ist die Gefahr, nachts in einer Großstadt von einem Vampyr oder einer Vampyrin überfallen und gebissen zu werden?

Mark: Null Komma null.

Lydia: Extrem unwahrscheinlich. In der AVA-Studie zum Beispiel hatten auch nur zwei Prozent der Befragten irgendeine Vorstrafe. Vampyre scheinen sehr gesetzestreu zu sein.

Nichtsdestotrotz beobachten einige Jugendschützer die Vampir-Szene mit Argwohn und warnen vor „sehr manifesten Gefährdungen"[2] – in erster Linie allerdings für die Protagonisten selbst. Gefahren sollen sich etwa ergeben aus „gesellschaftlichen Entfremdungsprozessen, der Habitualisierung von Grausamkeiten sowie den sexualisierten und fetisch-motivierten Gewalterfahrungen"[3]. Insofern könne ein Ausflug in die Szene der Real-Life-Vampyre „mit erheblichen Traumatisierungen"[4] verbunden sein.

Mark: Ich selbst habe als jemand, der nun wirklich in den Schuppen rumgehangen ist, die man sonst nur als Filmfantasie á la „Blade" kennt, noch nicht ein einziges Mal irgendwelche habitualisierten Grausamkeiten oder etwas Traumatisierendes bei Vampyrfeiern erlebt. Ich bin auch nicht schlauer als andere, aber immerhin war ich mittendrin. Wenn mal jemand etwas Schlimmes dort erlebt hat, dann sicher nicht durch Gewalterfahrungen, sondern weil die Person sich möglicherweise psychisch überhoben hat. Das kann einem aber auch passieren, wenn man Extremsport betreibt oder sich Filme anschaut, die man besser nicht gesehen hätte.

Lydia: Auf welchen Fakten beruht diese Pauschalkritik überhaupt? Mir liegen keine wissenschaftlich begründeten Erkenntnisse vor, dass die Beschäftigung mit solchen Themen oder auch eine Vorliebe dafür eine nachweisbare Gefährdung für damit in Berührung kommende Menschen darstellt.

---

[2] Zit. nach Rainer Fromm/Manuela Ruda: *Tanz der Vampyre. Abwege einer Jugendkultur zwischen Fun und Fetisch*. In: *EZW-Materialdienst 11/2007*, S. 423-428

[3] / [4] ebenda

Besonders interessant finde ich hier das Stichwort „gesellschaftliche Entfremdungsprozesse". Was ist damit genau gemeint? Die „Gesellschaft" besteht doch nicht – wie man sich das in Diktaturen gewünscht hat – aus einem gleichgeschalteten Kollektiv, sondern aus einer sehr heterogenen Vielzahl von Menschen, die sich in zahllose Untergruppen aufteilen, ob nach Beruf, Religion, Hobby, Freizeitaktivität, politischer Einstellung, Modegeschmack oder sonstigen Vorlieben. Und selbst innerhalb dieser Untergruppen herrscht hinreichend Diversität. Wer also sollte in der Vampyr-Szene wovon entfremdet sein?

Aber ist Blutdurst zum Beispiel wirklich völlig harmlos? Zumal – und das ist ein konkreter Kritikpunkt – „die Opfer vampirischer Gewalt schlicht als Beute, Donor oder Source bezeichnet werden".[5]

Mark: Die Bezeichnung „Beute" habe ich in über zehn Jahren noch nie gehört. Dass die Blutspender „Donoren" heißen, kommt daher, dass dies das normale angloamerikanische Wort für „Blutspender" ist. Ausserdem gilt in der Szene der Grundsatz: „safe, sane and consensual". Sicher muss der Kontakt sein und in gegenseitigem Einverständnis sowie bei geistiger und körperlicher Gesundheit stattfinden.

Auch die Formulierung „Opfer vampirischer Gewalt" halte ich für mindestens missverständlich. Denn niemand, der nach realen Vampir-Verbrechen gesucht hat, ist bislang fündig geworden. Die amerikanische Kollegin und Autorin Katherine Ramsland[6] beispielsweise hat ebenso wie ich selbst enge Kontakte zu Szene-Mitgliedern und ein geschultes

---

[5] Zit. nach Rainer Fromm: *„Vampirismus" in Deutschland. Bestandsaufnahme einer Subkultur.* In: *EZW-Materialdienst* 6/2006, S. 205-225

[6] Ramsland, K. (1999): *Vampire unter uns. Ein Undercover-Bericht.* vgs-verlagsgesellschaft, Köln

Auge für Straftaten. Doch obwohl wir beide tief in die Schwärze gefasst haben, konnten wir unabhängig voneinander nichts, aber auch wirklich gar nichts fürchterliches zu Tage fördern.

Lydia: Ein verantwortungsvoller Umgang mit dem eigenen Körper und mit Leib und Leben anderer Menschen ist gerade bei Gruppen, deren Aktivitäten ein Verletzungspotenzial bergen, durchaus gegeben. Ob dies nun ein Boxverein, eine sadomasochistische Gruppe oder ein Vampyrzirkel ist, ist letztendlich Geschmackssache. Entscheidend sind Bewusstsein, Verantwortungsgefühl und ein kontrollierter Umgang mit den eigenen Vorlieben.

Insgesamt ähneln die Kritikpunkte sehr stark den Vorwürfen, die auch der BDSM-Szene[7] gemacht werden. Aktuell ist in Fachkreisen unstrittig, dass weder der Konsum von Pornographie – auch nicht sadomasochistischer – noch das Ausleben von Sexualität, die mit Schmerz und Dominanz beziehungsweise Unterwerfung verbunden ist und in einvernehmlichem Rahmen stattfindet, zu krimineller sexueller Gewalt führen würde. Genau zu den Themen „Auswirkungen von Pornographie" und „Sadomasochismus" habe ich erst kürzlich Vorträge gehört, beim Jahreskongress der *American Academy of Forensic Sciences* in Seattle und beim Interdisziplinären Forum Forensik in Bremen.

Ganz anderer Vorwurf: die „häufige Integration von Serienmördern in den Vampirismus" bei „gleichzeitiger zum Teil idealisierender Wiedergabe ihrer Taten"[8]. Gemeint sind historische Gestalten wie Vlad Țepeș, „der Pfähler", oder Elisabeth Bathory, „die Blutgräfin", oder Peter Kürten, „der Vampir von Düsseldorf".

---

[7] Bondage & Discipline, Dominance & Submission, Sadism & Masochism
[8] Fromm, 2006

Mark: Diese Problematik wird in der Szene oft und ausführlich diskutiert. Dabei geht es um die Grenzen zwischen Fiktion, literarischen Bildern, Fantasievorstellungen, Rollenspiel – aus dem die ganze Vampyr-Subkultur nachweislich hervorgegangen ist – und psychiatrischen Krankheitsbildern.

Lydia: Hier werden Ursache und Wirkung verwechselt. Personen, die aus unterschiedlichen Gründen zum Realitätsverlust neigen, haben dieses Problem völlig unabhängig vom Inhalt der Themen, mit denen sie sich beschäftigen.

Auf der anderen Seite sind Menschen, die hinreichend den Unterschied zwischen Realität und Fiktion kennen – und das sind glücklicherweise bei Weitem die meisten –, sehr gut in der Lage, schadlos für sich und andere mit ihren Vorlieben und Interessen umzugehen, welche auch immer das sein mögen. Alle Vampyre, die ich kennengelernt habe, ob im echten Leben oder per E-Mail-Kontakt, betonten den verantwortungsvollen Umgang mit anderen Menschen. Und auch mit Tieren.

Andererseits ist das Buch eines gewissen Frater Mordor über die Vampir-Szene wegen seines „menschenverachtenden Menschenbildes" und seines „verrohenden Inhalts" von der Bundesprüfstelle für jugendgefährdende Medien indiziert worden.[9]

Mark: Um Mordors Bücher gibt es auch unter Vampyren Kontroversen, weil nach Meinung mancher Vampyre Fiktion und Realität hier nicht sauber getrennt seien. Er selbst sagte mir aber, dass er das für Unsinn halte und seine Darstellung als rein fiktional ansehe – und dies auch so verstanden wissen will. Der Indizierungsantrag gegen „Das

---

[9] Vgl. *Tötung, Sterben und Gewalt* in *Skeptiker 1/2006*, S. 36

Buch Noctemeron – Vom Wesen des Vampirismus" wurde ohne echte Forschung aus allen möglichen Quellen – darunter auch Texten von mir – zusammengebaut, weist allerdings ein derartiges Maß an Unkenntnis über die Szene auf, dass zumindest jeder, den ich kenne, nur darüber lacht.

Lydia: Mordors Buch enthält sicherlich drastische Darstellungen – wie viele andere Bücher auch, etwa „American Psycho". In der Vampyr-Szene wird aber klar Position dazu bezogen, insofern dass die Schilderungen von Tötungen als absolut fiktional anzusehen sind. Die Szene-Mitglieder sind friedfertige und, wie schon gesagt, in keiner Weise zu kriminellen Handlungen neigende Menschen.

Sind Vampyre Blutfetischisten?

Lydia: Blutfetischismus bedeutet, dass jemand Blut als einen sexuell besonders anregenden Reiz wahrnimmt. Die Vampyre, mit denen ich gesprochen habe, sahen ihre Neigung zu Blut indes oft auch losgelöst von Sexualität, was sie deutlich von Blut-Fetischisten unterscheidet. Ob Blutfetischisten in der Vampyrszene also besonders gut aufgehoben wären, oder ebenso gut beispielsweise in der BDSM-Szene unterkommen könnten, müsste noch geklärt werden.

Mark: Die psychischen Vampyre – also Energievampire, die ohne Körperkontakt die Lebensenergie anderer Menschen aufsaugen – sind der Meinung, dass die Bluttrinker eine Art niedere Erleuchtungsstufe verkörpern. Bluttrinker gelten ihnen als roh und unentwickelt.

Was für eine konkrete Bedeutung hat Blut für Vampyre überhaupt?

Lydia: Die Blutfetischisten unter den Vampyren sind primär auf den sexuell erregenden Effekt aus, den sie bei der intensiven Beschäftigung mit Blut oder beim Bluttrinken verspüren. Darüber hinaus gibt es unterschiedliche Gründe und Motive bei denjenigen, die sich selbst unter den Oberbegriff „Vampyre" subsumieren.

Sehr verbreitet ist etwa die Vorstellung, über das Blut die „Energie" anderer Menschen zu „ziehen" – also die eigenen, zu schwachen Energiereserven auffüllen zu können. Die bereits genannten Energievampire, eine Untergruppe in der Vampyr-Subkultur, belassen es sogar weitgehend bei der bloßen Vorstellung dieses „Energietransfers" und verzichten dabei vollständig oder zumindest teilweise auf Blut.

Das Ganze spielt sich also eher im Kopf ab?

Lydia: Ja, so ähnlich wie bei psychotherapeutischen Imaginationsübungen, die besonders bei der Behandlung traumatisierter Menschen genutzt werden. Dabei erzeugen die Patienten vor ihrem geistigen Auge bildhafte Vorstellungen, beispielsweise von einer helfenden Person oder einem sicheren Raum. Oder die Person soll sich vorstellen, ein Baum zu sein und wohltuende Kraft aus der Sonne und durch die Wurzeln aus dem Boden zu ziehen. An genau diese Übung musste ich bei den Schilderungen einiger Vampyre sofort denken.

Ist „Energiearmut" bei Vampyren gleichbedeutend mit „Depression"?

Lydia: Ich halte es für möglich, dass die Vorstellung des Energieziehens eine unbewusste Kompensationsstrategie ist. Etwa, um damit Antriebslosigkeit – in der Tat ein typisches Depressionssymptom – entgegenzuwirken. Das passt auch dazu, dass manche Personen in der Vampyr-Subkultur sich bei längerem „Blutentzug" schwach fühlen.

Mark: Lassen wir zum Thema Blut und Bluttrinken doch einfach einen Vampyr selbst sprechen, der Markus heißt und mit dem wir für dieses Buch gesprochen haben:

Die für Außenstehende wohl signifikanteste Eigenschaft eines Vampyrs, welche die meisten Menschen aber auch gehörig abschreckt, ist das Bluttrinken. Entgegen der allgemeinen Vorstellung handelt es dabei nicht um Fetischverhalten, denn einem Fetisch haftet eine besondere sexuelle Bedeutung an. Es ist richtig, dass es Blutfetischismus in der Vampyr-Szene gibt, aber nicht jeder Blutfetischist ist zugleich ein Vampyr. Ich persönlich empfinde keine erotischen Gefühle beim Anblick oder Geschmack von Blut, jedenfalls nicht mehr als bei dem Anblick oder dem Geschmack von Erdbeeren. Diesen Vergleich bringe ich in diesem Zusammenhang gern, weil die meisten Menschen den Bezug zu Blut und die sexuellen Hintergründe dann ein wenig besser verstehen.

Das Gefühl, das mich dazu treibt, Blut trinken zu wollen, ist allerdings gut mit dem Gefühl zu vergleichen, Sex haben zu wollen – ohne dass ich damit eine Verbindung zwischen diesen beiden Bedürfnissen herstellen möchte. Woher dieses Verlangen kommt, kann ich leider nicht beantworten, und in der Vampyr-Szene gehen die Meinungen dazu auch auseinander. Ich persönlich hatte nie ein prägendes Erlebnis mit Blut, das eventuell zu dieser Leidenschaft geführt haben könnte.

Eine gewisse Faszination für den roten Lebenssaft habe ich jedoch schon immer gehegt, und mit etwa 14 Jahren verspürte ich dann sehr deutlich das Gefühl, ihn auch trinken zu wollen. Das darf man sich allerdings nicht wie einen Schalter vorstellen, der plötzlich umgelegt wird, sondern eher wie die langsam steigende Fiebersäule eines Thermometers. Wir Vampyre sterben natürlich nicht, wenn wir kein Blut zu uns nehmen, aber das Verlangen danach wächst mit jedem Tag, an dem wir es nicht bekommen. Eben ähnlich wie mit Sex.

Das Trinken von Tierblut ist übrigens in der Vampyr-Szene verpönt, weil man entweder kaltes, ekliges, totes Blut beim Schlachter kaufen oder aber ein lebendiges, unschuldiges und ängstliches Tier anzapfen müsste, das ganz sicher kein Einverständnis zu dieser Behandlung geben würde, selbst wenn es könnte. Wir quälen keine Tiere. Ich selbst habe auch die Erfahrung gemacht, dass in der Metzgerei gekauftes Schweineblut wirklich eklig schmeckt.

Sind Vampyre therapiebedürftig im klinischen Sinne?

Lydia: Nach Gesprächen mit Vampyren aus der deutschen Subkultur zeigte sich, dass auffällig viele von ihnen in ihrer Kindheit traumatisierenden Erlebnissen, wie körperlichen und/oder sexuellem missbrauch und emotionaler Vernächlässigung bzw. emotional sehr instabilen Eltern ausgesetzt waren. Die von der AVA untersuchten Vampyre zeigten dieselben Auffälligkeiten. Viele der deutschen Vampyre zeigen oder zeigten in Phasen ihres Lebens, als sie mit dem Bluttrinken begannen, Merkmale, die dem psychischen Störungsbild einer komplexen Posttraumatischen Belastungsstörung entsprechen. Die Betroffenen haben Probleme damit, ihre Gefühlszustände und damit zusammenhängende Denk- und Verhaltensweisen angemessen zu steuern, sie zeigen vorübergehende unterschiedliche Störungen der Wahrnehmung und des Bewusstseins, körperliche Beschwerden und zwischenmenschliche Probleme. Menschen, die unter einer solchen Störung leiden, können sehr von einer Psychotherapie profitieren.

Mark: Das hängt vom Leidensdruck ab. Viele Vampyre sind ganz besondere Menschen, beispielsweise sehr intelligent oder depressiv oder zwanghaft oder öfter auch mal alles zusammen. Aber als ausufernd Verrückte sind sie mir in den Subkulturen nie aufgefallen. Die Frage muss man jedem Einzelnen stellen: „Leidest Du?" Das gilt aber für jeden Menschen, auch für Skeptiker. Falls ja, sollte man etwas dagegen tun.

Vampyre leiden etwa unter Sonne, Dummheit und Ignoranz, so dass hier die Grenze zu den zweifellos häufigen unschönen Erlebnissen in ihrer Kindheit oder Jugend und deren Folgen manchmal verschwommen ist. Ich selbst kann mit solchen Persönlichkeitsfärbungen gut leben, weil ich keine Angst vor düsteren Dingen habe und mit Vampyren daher sehr gut klarkomme.

Lydia: Wie schon gesagt, sind die Motive für das Bluttrinken sehr vielfältig. Deshalb würde ich immer den Einzelfall betrachten. Viele der Vampyre, die bei der AVA-Untersuchung befragt wurden, litten an verschiedenen psychischen Störungen, vor allem an Depressionen, Angst- oder Zwangsstörungen, die jeweils für sich genommen schon einer klinischen Behandlung bedürfen. Allerdings konnten an dieser Untersuchung auch nur solche Personen teilnehmen, die glaubten, ohne regelmäßigen Konsum von Blut an fühlbaren Entzugserscheinungen zu leiden. Das trifft aber nicht auf diejenigen Vampyre zu, die nur hin und wieder Blut zu sich nehmen. In welchem Zusammenhang das Bluttrinken und/oder „Energieziehen" zu manchmal vorhandenen psychischen Störungen steht, müsste daher bei jedem einzelnen Vampyr gesondert geklärt werden.

Bei Personen, die das kontrollierte und in einem verantwortbaren Umfang stattfindende Bluttrinken im fetischistischen Sinne zur Steigerung ihrer sexuellen Erregung nutzen und dies mit einem gleichgesinnten Partner einvernehmlich in eine befriedigende Sexualität einbetten und an keinen sonstigen psychischen Störungen leiden, sehe ich keinen Behandlungsbedarf.

Was wird passieren, wenn die heutigen „Bis(s)"-Fans älter sind? Erfährt dann die Vampyr-Szene einen deutlichen Zulauf?

Mark: Es gab und gibt keinen Zulauf zur Vampyr-Szene durch „Bis(s)" oder „Twilight", da dort andere Motive angesprochen werden.

Lydia: In der Vampyr-Szene wird die „Bis(s)"-Reihe belächelt. Die Cullen-Vampire haben nun wirklich nichts mehr von den Motiven der alten Vampir-Romane und -filme. Und schon gar nicht reflektieren sie die Beweggründe der „echten" Vampyre. Die „Bis(s)"-Fans sind nicht umsonst Leute, die sich ansonsten absolut nicht für Vampire interessieren und die sehr wahrscheinlich mit Dracula oder selbst mit den Romanen von Anne Rice gar nichts anfangen könnten.

<u>Der Autor:</u> Bernd Harder ist Journalist und Chefreporter der Zeitschrift „Skeptiker – Magazin für Wissenschaft und kritisches Denken" (www.skeptiker.org). Als Vorstandsmitglied der „Gesellschaft zur wissenschaftlichen Untersuchung von Parawissenschaften" (www.gwup.org) wird er ständig mit Rätselhaftem und Mysteriösem konfrontiert, dem er in zahlreichen Büchern auf den Grund geht. Aufgewachsen mit den klassischen „Hammer-Horror"-Filmen, ist sein Lieblingsfilm „Lust for a Vampire" („Nur Vampire küssen blutig"). Er träumt seither von einem Treffen mit „Carmilla"-Darstellerin Yutte Stensgaard – die als Vampirin natürlich heute noch genauso scharf aussieht wie im Jahr 1970.

Jeanette und Markus

Plädoyer für die Vampyre und das Trinken von Blut

Eine der auffälligsten Eigenschaften von Vampyren, welche die Öffentlichkeit auch am häufigsten polarisiert, ist das Trinken von Blut. Dieses stößt entweder auf Abneigung, Unbehagen und häufig sogar auf Ekel – oder es übt eine gewisse Faszination und Anziehung auf die Zuhörer bzw. Leser aus. Die wenigsten Vampyre erfahren schlichte Toleranz, wenn sie diese Neigung ihren engsten Vertrauten offenbaren. Welche dieser Reaktionen auf ihr Geständnis folgen wird, ist zudem meistens nicht absehbar. Dies führt dazu, dass sie das Verlangen nach Blut, aus Angst vor der Verurteilung, so sehr im Verborgenen halten, dass sie es nicht einmal ihrem eigenen Lebenspartner erzählen.

Von den Kritikern wird aber häufig nicht bedacht, dass hinter dem Akt des Trinkens auch ein starkes Bedürfnis steht, das meistens seit geraumer Zeit vorhanden ist. Es ist keine fixe Idee oder eine Provokation des persönlichen Umfeldes, um Aufmerksamkeit zu erregen. Viele Menschen wissen gar nicht, welchen langen Weg der Vampyr unter äußerster Diskretion beschritten hat, bis er sich offenbart und verbinden mit dem Zeitpunkt ihres Wissens auch die vermeintlich neue Eigenschaft ihres Freundes oder Verwandten.

Viele Vampyre vergleichen das Verlangen mit einer Sucht, da der Blutdurst für sie ähnlich schwer zu kontrollieren ist und sie einen Ausweg aus der Abhängigkeit suchen. Diese äußert sich bei längerer Abstinenz von Blut sogar in Entzugserscheinungen. Die meisten Symptome, wie Aggressivität, Reizbarkeit, Nervosität, Zittern, Unruhe und Schlafstörungen, weisen auf eine zunehmende psychische Anspannung hin. Gleichzeitig erkennen viele Vampyre zu diesem Zeitpunkt Anzeichen einer Depression wie Konzentrationsschwäche, Kraftlosigkeit, Antriebslosigkeit, ein Gefühl der inneren Leere und Müdigkeit. Auch von körperlichen Auswirkungen wie Migräne, Bauchschmerzen, Auskühlen und Frieren wird berichtet.

Trotz der fieberhaften Suche nach einer Ursache, sind die Indikatoren des Blutdurstes jedoch nicht ausreichend geklärt. Es gibt Vampyre, die sich in psychologische Behandlung begeben, weil sie auf eine Begründung oder sogar Heilung hoffen.

Oftmals wird es aber nur als ein autosuggestiv hervorgerufenes Empfinden abgetan, womit allerdings die Ursache des Problems nicht entschlüsselt wäre. Denn eine derartige Verlegenheitsdiagnose erklärt nicht, wieso bei den meisten Vampyren der Blutdurst während oder kurz nach der Pubertät auftritt, ohne dass sie sich vorher näher mit dem Thema befasst hätten. Die starke Affinität für Vampire und der Hang zu entsprechender Literatur und Filmen geht erst mit dem Blutdurst einher. Dabei handelt es sich aber schlicht und ergreifend um ein Herantasten an ihre tatsächlichen Vorlieben und Fantasien.

Eine weitere Erklärung ist ein Ersatzverhalten für die Suche nach Geborgenheit, Wärme und Vertrauen. Die Wahrscheinlichkeit ist gegeben, dass dieses Motiv bei einigen Vampyren eine Rolle spielt, insbesondere in jenen Fällen in denen davon berichtet wird, dass es nicht direkt um das Blut geht, sondern um die Verbindung zum Spender. Jedoch gibt es auch genügend Gegenbeispiele, bei denen diese Motivation nicht zutreffen kann. Zum Beispiel basiert das Verhältnis zum Spender in vielen Fällen nur auf einer Basis, die für den Vampyr eine gewisse Sicherheit vor ansteckenden Krankheiten verspricht, aber auf keiner intimen Verbindung gründet. Diese beinhaltet wiederum wenig oder sogar gar keine Geborgenheit.

Plädoyer für die Vampyre und das Trinken von Blut

Eine unter Vampyren sehr verbreitete Erklärung ist ein natürliches Defizit an Lebensenergie, die immer wieder verbraucht und deswegen auch erneuert werden muss. Dabei wird die Ansicht vertreten, dass das Blut ein Träger von Lebensenergie sei, die beim Trinken auf den Vampyr übergeht. Während ein normaler Mensch seine Lebensenergie wieder von allein auffüllen könnte, müsste ein Vampyr sich mit Blut behelfen.

Vermutlich werden noch viele Theorien aufgestellt und einige Zeit vergehen, bis die Problematik des Blutdurstes überhaupt anerkannt, mit der nötigen Ernsthaftigkeit behandelt und eine Antwort auf die Frage der Ursachen gefunden wird, wodurch die Suche nach einer Heilung erfolgversprechender eingeleitet werden kann.[1]

Vampyre trinken durchschnittlich einmal im Monat und meistens nicht mehr als ein gefülltes Schnapsglas. Dass dieses Blut immer von freiwilligen Spendern stammt, sollte sich von selbst verstehen. Es gibt auch einige, die – ob aus Ermangelung eines Spenders oder der Hoffnung den Durst dadurch irgendwann ganz hinter sich lassen zu können – ihren Durst so stark unterdrücken, dass sie mehrere Monate abstinent bleiben. Andere wiederum lindern das Verlangen mit dem Genuss weniger Tropfen und begnügen sich damit den Geschmack auf der Zunge zu spüren, was sie allerdings nicht vor den bereits erwähnten Entzugserscheinungen bewahrt.

Sollten wirklich einmal größere Mengen entnommen werden, orientieren Vampyre sich an den Richtlinien des Roten Kreuzes. Demnach

---

[1] So ist es. Der entsprechende Eintrag in der deutschen Wikipedia wurde bspw. im Jahr 2010 mit der unrichtigen Angabe an mich zurück verwiesen, dass es sich um eine „unsinnige" Definition ohne „seriöse Quellen" und „Geschwurbel" handele. Hier zeigt sich, dass selbst im Internet kaum Kenntnisse zum Blutdurst vorliegen, die wenn, dann für Unsinn gehalten werden, obwohl das Ganze nur *unvorstellbar* ist. Anm. M.B.

dürfen maximal 500 ml und bei der ersten Spende sogar nur 300 ml entnommen werden. Zur Sicherheit des Spenders wird aber empfohlen, die Grenze von 200 ml nicht zu überschreiten. Nachdem der Spender so viel Blut entbehrt hat, sollte er mindestens zwei Monate nicht mehr spenden. Allgemein gilt aber, egal wie viel Blut entnommen wurde, dass zwischen den Spenden immer mindestens drei Tage liegen sollten, damit die Wunden heilen können, selbst wenn nur Lanzetten oder Kanülen zur Blutentnahme verwendet wurden, die im Regelfall relativ kleine Verletzungen hervorrufen. Wenn Rasierklingen zum Einsatz kommen, ist sogar eine Woche als Regenerationszeit für die Schnitte zu empfehlen. Abschließend kann gesagt werden, dass Vampyre sehr umsichtig und fürsorglich mit ihren Spendern umgehen und nach bestem Gewissen handeln, um ihnen nicht zu schaden und die Spende so angenehm wie möglich zu gestalten. Es gibt nicht ohne Grund auch eine überraschend hohe Zahl von Spendern in der Vampyrgesellschaft.

Bei Mengenangaben von 200 bis 500 ml läuten vermutlich trotzdem bei einigen Lesern die Alarmglocken, da in diesem Zusammenhang oft davon gesprochen wird, dass Blut nicht verdaut werden kann oder im Magen gerinnt und einen Klumpen bildet. Es ist zwar richtig, dass Blut nicht besonders verträglich ist, aber die Blutgerinnung verursacht dabei keine Probleme, sondern das komplexe Puffersystem im Blut, welches den pH-Wert im Magen ansteigen lässt. Bei geringen Blutmengen ist die Reaktion recht schnell vorüber und das saure Milieu, das normalerweise im Magen herrscht, kann sich wieder einstellen. Ist die Menge zu groß und der Magen braucht zu lange, um den pH-Wert wieder zu senken, wird ein Schutzmechanismus der Verdauung aktiviert und das Blut wird erbrochen. Dieser Mechanismus ist aber bei jeder Person unterschiedlich ausgeprägt und es kommt sogar zu einer gewissen Gewöhnung durch häufigen Blutkonsum. Aufgrund dieser Umstände gibt es keinen Richtwert für eine bekömmliche Blutmenge, denn die Verträglichkeit variiert stark.

Schlussendlich bleibt die Frage zwar offen, warum Vampyre das Verlangen haben, Blut zu trinken; doch vielleicht konnten wir mit unserem Beitrag zu diesem Buch einen kleinen Einblick in die Sichtweisen und Praktiken der Vampyrgemeinschaft gewähren. Selbstverständlich nicht ohne die Versicherung, dass wir durchaus kompetent und vorsichtig in diesem Aspekt unseres Lebens agieren. *Sollte* es einmal zu einem Unfall kommen, ist dies lediglich auf individuelles Versagen oder die unzureichende Aufklärung zurückzuführen, die durch die gesellschaftlichen Ansichten und die damit einhergehenden Schwierigkeiten der persönlichen Entfaltung und Informationssammlung bewirkt werden.

<u>Die Autoren:</u> Jeanette und Markus sind langjährige Moderatoren der Vampyr-Vereinigung *Nexus Noctis* (bis 2010: *Conventum Tenebrarum*). Seit Jahren treffen sich die Mitglieder der Vereinigung regelmässig nicht nur im Internet, sondern auch im wirklichen Leben.

Lydia Benecke

Gedanken zur Gothic- und Vampyr-Subkultur aus psychologischer Sicht

Sehr stark überarbeitete und erweiterte Fassung des Artikels
„Einige Gedanken zu Gothics aus psychologischer Sicht" in *Vampire unter uns!*, Band I

Ich kenne viele Vorurteile über Gothics aus eigener Erfahrung: „Satanisten", „die Verrückten mit den Gruftklamotten, die nachts auf Friedhöfen Katzen schlachten", „kranke Teenager, die sich die Arme aufschlitzen, um Aufmerksamkeit zu bekommen", „Leute, die nicht mit der Realität zurecht kommen."

Beim Beginn eines neuen Jobs als Psychologin in einer ländlich gelegenen Tagesklinik für Menschen mit psychischen Erkrankungen wurde ich von meinem Chef gefragt, was Gothic überhaupt sei. Er hatte mein eindeutig mit Aufklebern verziertes Auto auf dem Parkplatz entdeckt. Einfach zu beantworten fand ich das nicht. Die Gemeinsamkeiten von Menschen, die sich als „Goths", „Schwarze" oder „Grufties" bezeichnen, sind eher sehr allgemeine, übergeordnete Grundeinstellungen, beispielsweise eine kritische Haltung gesellschaftlichen Normen gegenüber. Allen gemeinsam ist sicherlich eine Affinität zu den eher düsteren Seiten des Lebens, die vom „Durchschnittsbürger" eher ungern betrachtet werden. Das ist in den Motiven, welche Gothic-Musik, -Literatur, -Kleidungs- oder Wohnungsstil ausmachen, gut erkennbar: Die vorherrschende Farbe ist Schwarz, thematisch werden oft Tod, Nacht, Friedhöfe, Leid, Blut und Ähnliches dargestellt.

Dass Menschen außerhalb der Gothic-Subkultur dies mit hauptsächlich negativen Eigenschaften assoziieren, liegt wohl daran, dass düstere Lebensbereiche den meisten Menschen Angst machen und nur negative Gefühle in ihnen wecken. Daraus ergibt sich schnell die Schlussfolgerung, dass Menschen, die Düsternis repräsentieren, automatisch auch mit negativen Persönlichkeitseigenschaften behaftet sein müssten. Wie es in der menschlichen Natur eben angelegt ist, erzeugt das, was fremdartig und nicht direkt nachvollziehbar ist, Angst.

Besonders interessant ist für mich dabei das Vorurteil, dass Gothics prinzipiell in irgendeiner Form psychisch gestört seien (depressiv, selbstmordgefährdet) und was das im Umkehrschluss für deren Akzeptanz bedeuten würde.

Psychische Störungen in der Gothic-Subkultur

Da es meines Wissens bislang zur Häufigkeit diagnostizierter psychischer Störungen oder deren Symptomen in der Gothic-Subkultur keine wissenschaftlichen Untersuchungen gibt, ist es zunächst schwierig, Aussagen dazu zu treffen. Die Auswirkungen von selbstverletzendem Verhalten (am häufigsten als Ritzen der Haut auf Armen und Beinen) sind in der Subkultur auffällig häufig beobachtbar.[1] Das ist es, weil beispielsweise Narben und Schnitte bei Subkulturaktivitäten (z.B. Konzerte, Festivals) weniger versteckt werden als es Menschen in anderen Lebensbereichen tun. Die Frage ist also, ob Selbstverletzer tatsächlich häufiger in der Gothic-Subkultur zu finden sind oder ob sie sich dort einfach weniger verstecken als Selbstverletzer in anderen Umgebungen, die dort mehr Angst vor negativen Folgen haben.

---

[1] vgl. u.a. Dark Angel (2004) „Anders Leben: Selbstverletzendes Verhalten", Ubooks, Diedorf.

… Ähnlich verhält es sich mit chronischer Depressivität der Subkulturmitglieder. Sicherlich ist ein Hang zur Melancholie nicht von der Hand zu weisen. Doch eine solche Tendenz stellt noch keine Depression im klinischen Sinne dar. Zudem sind Depressionen eine verhältnismäßig häufig vorkommende psychische Erkrankung (7-18% aller Menschen erkranken mindestens ein Mal in ihrem Leben an einer Depression). Auch hier stellt sich die Frage, ob Betroffene innerhalb der Subkultur nicht einfach auf größere Akzeptanz ihrer Störung stoßen, als in der Allgemeingesellschaft, in der psychische Störungen leider ungerechtfertigt als schambesetzter Makel angesehen werden.

Hier liegt meiner Meinung nach eher eine der Stärken der Gothic-Subkultur. Menschen, die aus unterschiedlichen Gründen (seien es einfach besondere Vorlieben, psychische Erkrankungen, scheinbare äußere Makel und so weiter) in der Durchschnittsgesellschaft Erfahrungen von Ablehnung und Enttäuschung gemacht haben, werden innerhalb der Subkultur genau so angenommen, wie sie sind. Unabhängig von den zahlreichen Unterströmungen (z.B. Mittelalter oder Industrial) herrscht innerhalb der Subkultur große Akzeptanz und sogar positive Anerkennung individueller Besonderheiten; ein friedvoller und freundlicher Umgang miteinander ist der Standard.

Außenstehenden wird sich vermutlich die Frage aufdrängen, warum gerade düstere Grundmotive wie Tod und Schmerz für die Mitglieder der Subkultur eine erkennbar wichtige Rolle spielen. Nach vielen Jahren, Bekanntschaften und Gesprächen in der Gothic-Subkultur habe ich den Eindruck gewonnen, dass die Affinität zu den „düsteren Aspekten des Lebens" bei vielen Subkulturmitgliedern wohl auf unterschiedlich stark ausgeprägten, schwierigen biographischen Lebenserfahrungen beruht.

Die meisten Menschen versuchen, solche Aspekte weitgehend aus ihrem Leben auszuklammern und sich möglichst wenig mit diesen zu beschäftigen. Wer aber besonders in jungen Jahren stark emotional belastende Erfahrungen gemacht hat, muss eine Strategie finden, diese in irgendeiner Form zu verarbeiten. Eine Möglichkeit ist die Einbindung „düsterer" Lebensaspekte in die eigene Persönlichkeit, was diesen Lebensaspekten den eigentlich natürlichen Schrecken nimmt.

Vampire / Vampyre

Häufig zeigen sich Außenstehende besonders erschrocken und auch in ihren Vorurteilen bestärkt, wenn sie von den Untergruppen der Gothic-Subkultur hören, die sich dem Vampirismus (auf unterschiedliche Weise) zugeneigt fühlen. Da genau diese Untergruppen Gegenstand dieses Buches sind, möchte ich auch dazu kurz die Frage erörtern, ob es sich hierbei um eine psychische Störung oder eine kuriose, aber harmlose Vorliebe handelt.

Blut als sexueller Anreiz

Im *Diagnostischen und Statistischen Handbuch Psychischer Störungen* (DSM-IV[2]) findet sich Vampirismus unter dem Oberbegriff „seltene Paraphilien". Der Begriff Paraphilie bezeichnet abweichende sexuelle Neigungen[3] wie Fetischismus, Masochismus oder Sadismus.

Die Definition von Vampirismus als psychischer Störung beinhaltet dabei wie bei allen anderen Paraphilien folgende Voraussetzungen:

---

[2] *Diagnostisches und Statistisches Handbuch Psychischer Störungen (DSM-IV)*, American Psychiatric Association; Standard-Handbuch zur Einordnung (und Abrechnung) von Krankheiten

[3] Zum Weiterlesen: Fiedler P (2004) *Sexuelle Orientierung und sexuelle Abweichung*. Beltz PVU

Gedanken zur Gothic- und Vampyr-Subkultur aus psychologischer Sicht

Über einen Zeitraum von mindestens sechs Monaten wiederkehrende intensive sexuell erregende Phantasien, sexuell dranghafte Bedürfnisse oder Verhaltensweisen, die sich (in diesem Fall) auf Blut beziehen.

Dabei wird allerdings eine wichtige Einschränkung vorgenommen:

Die Person hat auf diese sexuell dranghaften Phantasien oder Bedürfnisse mit einer nicht einwilligungsfähigen oder willigen Person gehandelt, oder die Phantasien, sexuell dranghaften Bedürfnisse oder Verhaltensweisen verursachen in klinisch bedeutsamer Weise Leiden oder Beeinträchtigung in sozialen, beruflichen oder anderen wichtigen Funktionsbereichen.

Wenn die Kriterien dieser Einschränkung nicht erfüllt sind, ein ausschließlich zur Steigerung der sexuellen Erregung Blut zu sich nehmender Mensch also weder bei sich noch bei anderen Leiden oder Beeinträchtigung durch das Ausleben seiner Neigung verursacht, so ist bei ihm laut DSM-IV keine psychische Störung zu diagnostizieren. Dieser Definition schließen wir (M. u. L. Benecke) uns an.

Der Zwang des Bluttrinkens

Nun wird es knifflig. Viele Anhänger der Vampyr-Subkultur erleben Blut nämlich gar nicht als sexuell anregend. Wir sprachen zumindest mit vielen Vampyren aus der Subkultur, die ohne regelmäßige Einnahme von (bevorzugt fremdem) Blut im Alltag nicht zufrieden leben können. Diese Menschen werden also von einem zwanghaften, nicht sexuellen Verlangen nach Blut getrieben. Sie fühlen sich zunehmend psychisch und körperlich unwohl, schwach, angespannt, ja förmlich krank, wenn sie diesem Drang nicht nachkommen.

Mitglieder dieser Untergruppe der Vampyr-Subkultur leben über die ganze Welt verteilt und kommunizieren hauptsächlich über Internet-Foren miteinander. Größere Gruppen, die sich außerhalb des Internets auch zu Treffen im „echten Leben" zusammenfinden, bestehen in Nordamerika, Australien, Deutschland und einigen weiteren Ländern.

Eine große englischsprachige Untersuchung zu verschiedenen Eigenschaften dieser Vampyre wurde von der *Atlanta Vampire Alliance*[4] durchgeführt. An der Untersuchung nahmen nur Personen teil, die bei sich die genannten Entzugserscheinungen bemerkten, wenn sie länger als einige Tage kein Blut zu sich nehmen.

Bisher gibt es keine Einordnung in den Diagnosehandbüchern für psychische Störungen[5] für das zwanghafte – und nicht sexuelle – Verlangen nach dem Trinken von Blut. Deshalb überlegte ich zunächst anhand der ersten Informationen, die ich der AVA-Untersuchung entnehmen konnte, wie man diese Form des Bluttrinkens am besten psychologisch einordnen könnte. Zunächst – was in der ersten Auflage von Band 1[6] nachzulesen ist – dachte ich an die Einordnung dieses Phänomens zu der Gruppe der Zwangsstörungen.

Ich ging die zehn festgelegten Merkmale aus dem DSM-IV, aufgrund derer man eine Zwangsstörung bei Menschen feststellen kann, durch und überlegte, ob sie zu den Daten der AVA-Studie und meinen bis dahin geführten Gesprächen mit Betroffenen passten:

---

[4] www.atlantavampirealliance.com

[5] neben dem DSM-IV noch der ICD-10 (Internationale statistische Klassifikation der Krankheiten und verwandter Gesundheitsprobleme der Weltgesundheitsorganisation)

[6] Benecke et al. (2009) *Vampire unter uns!*, 1. Aufl., Ed. Roter Drache, S. 51-58

Gedanken zur Gothic- und Vampyr-Subkultur aus psychologischer Sicht

1. *Wiederkehrende und anhaltende Gedanken, Impulse oder Vorstellungen, die zeitweise während der Störung als aufdringlich und unangemessen empfunden werden und die ausgeprägte Angst und großes Unbehagen hervorrufen.*

☞ Die Gedanken an das Bluttrinken werden als immer stärker werdend und sich aufdrängend beschrieben, je länger die Betroffenen auf dieses verzichten. Auch schildern die Betroffenen deutliche Angst vor möglichen körperlichen und psychischen Folgen, wenn sie über längere Zeiträume ganz auf das Bluttrinken verzichten würden. Das kann so weit gehen, Angst davor zu haben, andere Menschen „anzufallen", wenn der Blutdurst zu stark werden würde. Dennoch ist kein Fall bekannt, bei dem ein Betroffener tatsächlich die Kontrolle verloren hätte.

2. *Die Gedanken, Impulse oder Vorstellungen sind nicht nur übertriebene Sorgen über reale Lebensprobleme.*

☞ Eine echte körperliche Abhängigkeit von Blut ist nicht zu befürchten.

3. *Die Person versucht, diese Gedanken, Impulse oder Vorstellungen zu ignorieren oder zu unterdrücken oder sie mithilfe anderer Gedanken oder Tätigkeiten zu neutralisieren.*

☞ Dies wird von den Betroffenen häufig berichtet, da der empfundene „Blutdurst" oft auch in Situationen (z.B. am Arbeitsplatz) auftritt, in denen sie ihn als störend empfinden.

4. *Die Person erkennt, dass die Zwangsgedanken, -impulse oder -vorstellungen ein Produkt des eigenen Geistes sind – nicht von außen wie bei Gedankeneingebung, die ein Symptom von Schizophrenie wäre.*

☞ Alle Betroffenen geben an, dass der Drang nach Blut ihr eigenes Bedürfnis ist – sie vergleichen es beispielsweise mit starkem Hunger oder Durst.

5. *Wiederholte Verhaltensweisen (...), zu denen sich die Person als Reaktion auf einen Zwangsgedanken (...) gezwungen fühlt.*
☞ Die Betroffenen folgen stets früher oder später dem Bedürfnis, Blut zu sich zu nehmen. Bevorzugt nehmen sie kleine Blutmengen von anderen, sich freiwillig zur Verfügung stellenden Personen. Bei diesen „Donors" genannten Blutspendern achten Vampyre darauf, Schmerzzufügung zu vermeiden. Es geht ihnen ausschließlich um den Konsum von Blut und in keinster Weise um das Quälen von anderen. Wenn keine freiwilligen Spender zur Verfügung stehen, trinken sie auch ihr eigenes Blut oder weichen auf Tierblut aus.

6. *Die Verhaltensweisen oder die gedanklichen Handlungen dienen dazu, Unwohlsein zu verhindern oder zu reduzieren oder gefürchteten Ereignissen oder Situationen vorzubeugen; diese Verhaltensweisen oder gedanklichen Handlungen stehen jedoch in keinem realistischen Bezug zu dem, was sie zu neutralisieren oder zu verhindern versuchen, oder sie sind deutlich übertrieben.*
☞ Das steigende Unwohlsein bei längerem Verzicht auf das Trinken von Blut soll reduziert werden. Auch werden so – der Erfahrung nach eindeutig unbegründete – Befürchtungen bekämpft, bei zu stark aufgestautem „Blutdurst" unkontrolliert Personen anzufallen. Der Außenstehende könnte vielleicht denken, dass eine Person, die solche Gedanken hat, irgendwann tatsächlich „jemanden anfallen" könnte. Es ist allerdings kein einziger Fall bekannt, in dem ein Mensch nur aus diesem Motiv heraus einen anderen angegriffen hätte.
Diese manchmal von Vampyren genannte Befürchtung lässt sich mit einem anderen der Psychologie gut bekannten Phänomen vergleichen. Mütter nehmen manchmal im Rahmen einer Zwangserkrankung den Impuls bei sich wahr, ihr Kind zu verletzen oder sogar zu töten. Die an diesen spontan auftretenden Impulsen leidenden Mütter sagen von sich selbst, dass sie ihr Kind aber niemals wirk-

lich verletzen wollen – sie empfinden sich dann als schlechte Mütter, haben Schuldgefühle und vermeiden es sogar, mit ihren Kindern alleine zu sein, weil sie diese vor sich selbst schützen wollen. Der Impuls widerspricht ihrem eigentlichen Gefühl und Selbstbild. Die hiervon betroffenen Mütter verletzen ihre Kinder in der Realität nie. Ebenso verhält es sich mit Vampyren, die in Extremfällen sogar Angst vor ihrem Blutdurst bekommen, die aber auf keinen Fall jemandem gegen dessen Willen Blut abnehmen oder sonst irgendwie schaden wollen.

7. *Zu irgendeinem Zeitpunkt im Verlauf der Störung hat die Person erkannt, dass die Zwangsgedanken oder –handlungen übertrieben oder unbegründet sind.*

☞ Die Betroffenen wissen, dass es keine bekannte körperliche Ursache für ihren Blutdurst gibt und dass Menschen eigentlich nicht erkranken, wenn sie kein Blut zu sich nehmen.

8. *Die Zwangsgedanken oder -handlungen verursachen erhebliche Belastung, sind zeitaufwändig (benötigen mehr als eine Stunde pro Tag) oder beeinträchtigen deutlich die normale Tagesroutine der Person, ihre beruflichen (oder schulischen) Funktionen oder die üblichen Aktivitäten und Beziehungen.*

☞ Oft versuchen die Betroffenen, sich von den immer stärker werdenden Gedanken an das Bluttrinken abzulenken, beispielsweise mit dem Versuch, sich auf bestimmte Aktivitäten zu konzentrieren.

9: *Das Störungsbild geht nicht auf die direkte körperliche Wirkung einer Substanz (z.B. Droge, Medikament) oder eines medizinischen Krankheitsfaktors zurück.*

☞ Beides kann man dem jetzigen Wissensstand nach ausschließen.

10. *Falls eine andere psychische-Störung vorliegt, so ist der Inhalt der Zwangsgedanken oder –handlungen nicht auf diese beschränkt (z.b. starkes Beschäftigtsein mit Essen bei Vorliegen einer Ess-Störung).*

Über dieses letzte Merkmal dachte ich länger nach. In der AVA-Untersuchung hatten viele Personen angegeben, an einer diagnostizierten Depression und/oder Angststörung zu leiden. Dies sind die beiden häufigsten psychischen Störungen überhaupt. Sie kommen auch oft in Kombination mit Zwangsstörungen vor. Die Vorstellung, Blut regelmäßig zu sich nehmen zu müssen, steht in keinem erkennbaren Zusammenhang zu den typischen Symptomen von Depressionen oder Angststörungen.

Nach diesen Überlegungen entschied ich mich in der ersten Auflage von Band 1, das starke Verlangen nach Blut der Kategorie der Zwangsstörungen zuzuordnen.

Eine vampyrische Kindheit

Seit der damaligen Auflage habe ich mich mit der Frage beschäftigt, was genau die Gründe für das Empfinden der Betroffenen sind. Warum entwickeln manche Menschen dieses starke Bedürfnis, während die meisten anderen – auch die allermeisten anderen von Depressionen und Angststörungen Betroffenen – dies nicht tun?

Dank beeindruckend offener und ehrlicher Kommunikation mit einigen sehr netten und sympathischen Vampyren konnte ich viele weitere Informationen über ihre Lebensläufe und Besonderheiten sammeln. Diese verglich ich mit den Daten der AVA-Untersuchung. Die gefundenen Besonderheiten stimmten erstaunlich gut überein. Das ist besonders bemerkenswert, da die AVA-Untersuchungsteilnehmer großteils aus Ländern des englischen Sprachraums kamen und die mir bekannten Vampyre Deutsche sind.

Schon die AVA-Untersuchung hatte gezeigt, dass es mehr weibliche als männliche Vampyre gibt. Auffällig viele gaben an, in ihrer Kindheit körperlich und/oder sexuell misshandelt worden zu sein. Die Vampyre, mit denen ich sprach, berichteten übereinstimmend damit auffällig

Gedanken zur Gothic- und Vampyr-Subkultur aus psychologischer Sicht

häufig von emotional instabilen Eltern, die heftige und unberechenbare Wutausbrüche hatten, von Vernachlässigung, körperlichen Misshandlungen und/oder sexuellem Missbrauch.

Zeit heilt nicht alle Wunden

Wenn Kinder wiederholt und über längere Zeiträume solchen extrem negativen Lebensbedingungen ausgesetzt sind, so spricht man in der Psychologie von Traumatisierung. Traumatisierungen sind negative Erlebnisse, die über die Grenzen dessen, was der betroffene Mensch verarbeiten kann, hinausgehen. Schwierige Lebensumwelten, wie die von vielen Vampyren beschriebenen, können sich besonders auf die Psyche von Kindern sehr stark negativ auswirken. Die Möglichkeiten von Kindern, negative Erlebnisse zu verkraften, sind deutlich geringer als die von Erwachsenen. Deshalb entwickeln besonders viele Menschen, die in früher Kindheit solchen Lebensbedingungen ausgesetzt waren, verschiedene psychische Störungen.

Typische Folgen solcher Traumata sind die Borderline-Persönlichkeitsstörung (alternativ auch emotional instabile Persönlichkeitsstörung genannt) und die Posttraumatische Belastungsstörung.

Die Posttraumatische Belastungsstörung

Die Posttraumatische Belastungsstörung[7] beschreibt ein Krankheitsbild, das zuerst ausführlich bei Soldaten beobachtet und beschrieben worden ist. Die entsprechenden Symptome entwickeln Opfer unterschiedlicher traumatischer Ereignisse, beispielsweise nach Vergewaltigungen, Umweltkatastrophen, schweren Unfällen, Folter, Geiselnahmen oder sexuellem Missbrauch in der Kindheit.

---

[7] Zum Weiterlesen: Maercker A (2009) *Posttraumatische Belastungsstörungen*. Springer, Heidelberg

Personen, die diese Störung nach einem traumatischen Ereignis entwickeln, werden immer wieder von stark emotionalen, belastenden Erinnerungen an das Ereignis überwältigt. Dies kann in wiederkehrenden Alpträumen passieren, durch plötzlich auftauchende bildhafte Vorstellungen oder Körperwahrnehmungen, die während des schrecklichen Erlebnisses wahrgenommen oder empfunden worden sind. Solches Wiedererleben wird besonders durch Hinweisreize blitzschnell und für den Betroffenen unkontrollierbar ausgelöst. Hinweisreize sind Dinge, die das Gehirn mit der Erinnerung an das Erlebnis automatisch verbunden hat (z.B. eine blaue Sportjacke, die so aussieht wie die des Geiselnehmers).

Die Betroffenen fangen deswegen an, Orte, Menschen, Aktivitäten, Gedanken, Gesprächsinhalte oder sogar Gefühle, die in irgend einer Verbindung zu dem unerträglichen Ereignis stehen, zu vermeiden. Manche können sich nur in Bruchstücken an das Ereignis erinnern.

Sie entwickeln außerdem Symptome, die auch bei Depressionen vorkommen: Ihr Interesse an Aktivitäten nimmt ab; sie kommen sich von anderen Menschen entfremdet vor; ihre Gefühle empfinden sie oft als gedämpft und/oder sie geben die Hoffnung auf, jemals eine zufriedene Zukunft erleben zu können. Oft leiden sie auch an Schlafstörungen, fühlen sich reizbar und haben Wutausbrüche. Manche fühlen sich übermäßig wach, erschrecken leicht und/oder haben Konzentrationsprobleme.

Einige Vampyre aus der AVA-Studie gaben an, eine solche Diagnose erhalten zu haben.

Die Mehrzahl der Vampyre scheint allerdings nicht genug Merkmale der Posttraumatischen Belastungsstörung zu zeigen. Diese Diagnose kann bei vielen also nicht gestellt werden.

Die Borderline-Persönlichkeitsstörung

Besonders Menschen, die in ihrer Kindheit über Jahre andauernder Traumatisierung – also emotionaler und/oder körperlicher Vernachlässigung und/oder sexuellem Missbrauch und/oder Misshandlung – ausgesetzt waren, können als Folge dessen eine Mischung besonders belastender Merkmale entwickeln. Dieses Störungsbild wird mit dem Begriff Borderline-Persönlichkeitsstörung[8] beschrieben.

Auf den ersten Blick erinnern viele der von den Vampyren beschriebenen Symptome an eine Borderline-Persönlichkeitsstörung. Ich gehe davon aus, dass es einige davon betroffene Personen unter den Vampyren gibt. Viele der Vampyre, mit denen ich sprach, erfüllten allerdings einige wichtige Merkmale dieser Störung nicht.

An der Borderline-Persönlichkeitsstörung leidende Personen haben eine übertrieben starke Angst vor dem Verlassenwerden. Sie schwanken in der Bewertung ihres Beziehungspartners häufig zwischen den Extremen Idealisierung (der absolute Traumpartner, der über alles geliebt wird) und Abwertung (der Partner als Gegner, den der Betroffene als Gefahr ansieht und der in diesen Phasen gehasst wird).

Diese extreme Form, Menschen förmlich nur schwarz und dann wieder nur weiß zu sehen, wirkt sich zwar am stärksten auf Liebesbeziehungen, aber auch auf das Verhältnis zu Verwandten und Freunden aus. Im Unterschied dazu berichteten viele Vampyre davon, zwar wenige, dafür aber stabile Freundschaften und recht stabile Partnerschaften zu haben. Weiterhin können es an Borderline leidende Personen schwer aushalten, alleine zu sein. Im Gegensatz dazu berichten viele der mir bekannten Vampyre, sich manchmal vorübergehend alleine zurück zu ziehen, wenn soziale Situationen ihnen zu viel werden.

---

[8] Zum Weiterlesen: Bohus M (2002) *Borderline-Persnlichkeitsstörung*. Hogrefe, Göttingen

Das bedeutet, dass viele Vamypre offenbar nicht an Borderline leiden.

Die Komplexe Posttraumatische Belastungsstörung

Ich habe mich bemüht, alle mir zum gegenwärtigen Zeitpunkt zur Verfügung stehenden Informationen über Merkmale und Besonderheiten, die bei den Vampyren gehäuft im Verlauf des bisherigen Lebens aufgetreten sind, in einem Gesamtbild zu berücksichtigen. Dieses Gesamtbild lässt sich mithilfe einer Diagnose, die noch nicht in den aktuellen Ausgaben der beiden Handbücher zur Einordnung Psychischer Störungen (DSM-IV und ICD-10) aufgeführt ist, angemessen beschreiben.

Es handelt sich um ein Störungsbild, das voraussichtlich in die nächste aktualisierte Version des DSM unter dem Begriff „Komplexen Posttraumatischen Belastungsstörung"[9] aufgenommen werden wird. Zurzeit ist dieses Krankheitsbild unter dem Begriff „Disorder of Extreme Stress Not Otherwise Specified" („Störung durch Extrembelastung; nicht anderweitig bezeichnet") im Anhang des DSM-IV aufgeführt.

Viele der dazu gehörenden Merkmale ähneln stark denen der Borderline-Persönlichkeitsstörung. Die beiden Störungen unterscheiden sich aber genau in den Merkmalen, die ich im Absatz zur Borderline-Persönlichkeitsstörung beschrieben habe.

Menschen mit einer Komplexen Posttraumatischen Belastungsstörung leiden an ausgeprägten Stimmungsschwankungen. Sie sind dabei

---

[9] Driessen M, Beblo T, Reddemann L (2002) *Ist die Borderline-Persönlichkeitsstörung eine komplexe posttraumatische Störung?* Nervenarzt 73:820-829; Kunze D, Güls F (2003) *Diagnostik einfacher und komplexer posttraumatischer Störungen im Erwachsenenalter.* Psychotherapeut 48:50–70; Sack M (2004): *Diagnostische und klinische Aspekte der komplexen posttraumatischen Belastungsstörung.* Nervenarzt 75:451–459

nicht in der Lage, sich selbst zu beruhigen. Manchen fällt es schwer, aggressive Impulse zu steuern. Einige zeigen selbstschädigendes oder selbstverletzendes Verhalten. Dabei gehen sie teilweise hohe Risiken ein (beispielsweise unkontrolliertes Essen oder Einkaufen, Konsum von Drogen, Aufritzen der Haut, deutlich zu schnelles Autofahren). Auch Störungen und Unsicherheiten im Bereich der Sexualität und/oder Suizidgedanken- und Pläne gehören zu den typischen Merkmalen.

Die Selbstwahrnehmung der Betroffenen ist gestört. Sie sorgen nicht ausreichend für sich (vergessen etwa zu Essen oder zu Trinken), leiden unter Schuld- und/oder Schamgefühlen. Gefährliche Situationen, in die sie sich manchmal begeben, verharmlosen sie. Manche sind belastet von dem Gefühl, auf Dauer zerstört (also einfach nicht in Ordnung) und/oder von der normalen Umwelt abgeschnitten zu sein.

Obwohl ihre zwischenmenschlichen Probleme nicht das Ausmaß annehmen, unter dem von Borderline betroffene Menschen leiden, haben auch sie beispielsweise Probleme damit, anderen zu vertrauen. Manche geraten unfreiwillig wieder in die Opferrolle – beispielsweise als gehänselte Außenseiter in der Schule. Genau von diesem Problem, Anschluss an Gruppen zu finden, berichten Vampyre vermehrt. Es kann auch dazu kommen, dass andere von den Betroffenen in die Opferrolle gedrängt und dominiert werden – ein mögliches Merkmal der Störung, welches ich bei den befragten Vampyren nicht feststellen konnte. Dies könnte unter anderem daran liegen, dass ein solches Verhalten von der Gruppe nicht geduldet werden würde.

Auch vermehrte Körpersymptome und/oder übertriebene Ängste um die eigene Gesundheit sind Merkmale der Störung. Sowohl die AVA-Untersuchung als auch meine Befragung ergaben, dass besonders Kopfschmerzen, aber auch Übelkeit und Magen-Darm-Probleme bei Vampyren gehäuft vorkommen.

Ein weiteres Merkmal ist die Veränderung der Lebenseinstellung. Damit sind Gefühle von Hoffnungslosigkeit und Verzweiflung bezüglich der Zukunftsperspektive und/oder der Verlust früherer persönlicher Wertvorstellungen und Grundüberzeugungen gemeint. Diese Form der Veränderung der Lebenseinstellung kann aber auch bei einer Depression auftreten.

Wenn die Seele zerspringt

Eine für traumatische Erfahrungen typische Folge ist eine immer wieder spontan auftretende, vorübergehende Veränderung der Wahrnehmung und des Bewusstseins der Betroffenen. Der Oberbegriff dafür ist „Dissoziation" und bedeutet auf Deutsch übersetzt „etwas Zusammengehöriges wird getrennt". Damit werden verschiedene mit diesem Mechanismus zusammenhängende Phänomene beschrieben[10].

Es gibt alltägliche Formen von Dissoziation, die die meisten Menschen ab und zu erleben. Beispielsweise „verpassen" Zuhörer von längeren Vorträgen manchmal Teile des Inhalts, weil ihre Gedanken unbewusst abschweifen. Ein sehr typisches Beispiel für Alltagsdissoziation ist auch eine lange Autofahrt, bei der sich der Fahrer an Teile der Fahrt nicht mehr erinnert.

Bei traumatischen Erlebnissen tritt eine viel extremere Form der Dissoziation auf. Es kann auch hierbei zu Gedächtnisausfällen kommen. Dabei kann sich der Betroffene kaum oder nur bruchstückhaft an die Situation erinnern. Auch ist es möglich, dass eine traumatisierte Person immer wieder im Alltag Gedächtnisausfälle bemerkt, die über ein normales Maß deutlich hinaus gehen. Manche Betroffene entwickeln auch von Zeit zu Zeit den Eindruck, sich selbst (also die eigene Persönlichkeit und/oder den eigenen Körper) oder die alltägliche Umgebung als fremdartig und unwirklich zu erleben. Sinnesempfindungen

---

[10] Zum Weiterlesen: Fiedler P (2008) *Dissoziative Störungen und Konversion: Trauma und Traumabehandlung.* Beltz PVU

wie Sehen, Hören, Riechen, Schmecken, Fühlen können übersteigert oder gedämpft sein. Auch körperliche Schmerzen können dabei vorübergehend gedämpft oder überhaupt nicht mehr wahrgenommen werden[11]. Die Kontrolle über den eigenen Körper (Bewegungen oder Sprache) kann vorübergehend beeinträchtigt oder sogar völlig ausgeschaltet sein.

Eine sehr extreme Form von Dissoziation ist die dissoziative Identitätsstörung (früher auch Multiple Persönlichkeitsstörung genannt). Dabei entwickelt ein in der Kindheit traumatisierter Mensch verschiedene Persönlichkeiten, die auf unterschiedliche und manchmal gegensätzliche Art denken, fühlen und handeln. Die verschiedenen Persönlichkeitsanteile haben eigene Erinnerungen und sogar Namen. Der eine Persönlichkeitsanteil erinnert sich dann nicht an Dinge, die andere Persönlichkeitsanteile erlebt und getan haben. Meist wissen die verschiedenen Persönlichkeitanteile lange nichts voneinander. Ob dieses psychische Phänomen in der beschriebenen Form überhaupt existiert, ist bis heute in Fachkreisen umstritten. Seit dem Bekanntwerdung dieser psychischen Besonderheit haben vor allem in den USA mehrfach die Anwälte von Straftätern versucht, mithilfe dieser Diagnose mildere Strafen für ihre Mandanten zu erwirken.

Die Dissoziation ist ein psychischer Schutzmechanismus, der Menschen für sie unerträgliche Extremsituationen überstehen lässt. Solche Situation werden dann nicht mehr als Ganzes wahrgenommen. Normalerweise nehmen Menschen Situationen in einem Gesamtbild wahr. Dieses besteht aus unseren Sinnesempfindungen, den dadurch ausgelösten Emotionen und Gedanken und dem Zusammenspiel dieser Wahrnehmungen mit der Situation und unseren bisherigen Lebenserfahrungen.

---

[11] Bohus et al. (2000) *Pain perception during self-reported distress and calmness in patients with borderline personality disorder and self-mutilating behavior.* Psychiatry Research 95:251-260

Wenn eine Situation die Grenzen dessen, was die Psyche eines Menschen ertragen kann, sprengt (wie das Erleben lang anhaltender emotionaler, körperlicher und/oder sexueller Misshandlung), dann zerfällt die Wahrnehmung und Verarbeitung einer solchen Situation in ihre Bestandteile.

Dieser Mechanismus kann sich bei traumatisierten Menschen aber „verselbstständigen". Er tritt dann immer wieder spontan und unkontrollierbar in Situationen auf, in denen die Betroffenen beispielsweise unter Stress stehen, negative Gefühle (Angst, Wut, Scham, Ekel, Traurigkeit) aufkommen oder Dinge (teilweise unbewusst) wahrgenommen werden, die in ihrem Gehirn mit dem Trauma verknüpft sind. So wird der ursprüngliche Schutzmechanismus selbst zu einer Belastung, die immer wieder in den Alltag der Betroffenen einbricht und angemessenes Denken, Fühlen und Handeln vorübergehend erschwert oder sogar völlig blockiert.

Im eigenen Gefühl ertrinken

Personen mit einer komplexen Posttraumatischen Belastungsstörung oder einer Borderline-Persönlichkeitsstörung haben oft den Eindruck, ihrem Gefühlsleben hilflos ausgesetzt zu sein.

Einerseits können sie plötzlich auftretende dissoziative Zustände weder verhindern noch mit einfachen Mitteln beenden. Dies äußert sich in sehr unangenehmen Empfindungen. Die Betroffenen berichten häufig über diese Zustände mit Formulierungen wie, „sich selbst dabei nicht mehr spüren können" oder „in ein Loch unerträglicher Leere fallen".

Andererseits werden diese Menschen von häufig wechselnden, oftmals negativen Gefühlen überwältigt. Gefühle von starker innerer Anspannung, Gereiztheit, Wut, Angst, Ekel, Scham und Traurigkeit bauen sich immer stärker in den Betroffenen auf. Sie erreichen eine als unerträglich empfundene Intensität und klingen oft deutlich langsamer ab als bei anderen Menschen.

Oft versuchen die Betroffenen, die beschriebenen unangenehmen Gefühlszustände zu kontrollieren. Dabei werden meist Methoden benutzt, die ihnen längerfristig deutlich mehr schaden als nutzen. Selbstverletzungen kommen (meist in Form von Ritzen und aufschneiden der eigenen Haut mit scharfen Gegenständen) sehr häufig vor. Ebenso beginnen viele Betroffene, mit Alkohol und Drogen zu experimentieren, um wenigstens kurzzeitig in eine positive Stimmung zu kommen. Auch Fressanfälle, übermäßiges Ausgeben von Geld oder übertriebenes Ausleben von Sexualität werden von Betroffenen als verzweifelte Strategien ausprobiert, um dem zu oft negativen Gefühlsleben zu entkommen. Doch nach jeder solchen Handlung kehren die negativen Gefühle bald wieder zurück und die Personen fühlen sich oft nach solchen Handlungen noch schlechter, weil sie sich für diese schämen.

Wenn die Alarmanlage im Gehirn nicht mehr ausgeht

Traumatisierung in der Kindheit kann Veränderungen der Gehirnfunktionen zur Folge haben. Bei Menschen mit Borderline- und Posttraumatischer Belastungsstörung funktionieren die Bereiche des Gehirns, die für die Verarbeitung und Steuerung von Emotionen verantwortlich sind, anders.[12]

Der Gehirn-Teil Amygdala („Mandelkern") erkennt und bewertet Dinge emotional. Durch sie wird auch das Gefühl der Angst ausgelöst. Das soll Menschen eigentlich möglichst schnell auf Gefahren aufmerksam und zur eigenen Rettung bereit machen. Nach der sehr starken Belastung durch Traumatisierung kann sich die Amygdala so verändern, dass sie auf zu viele Reize zu schnell und stark reagiert. Der gefühlsmäßige Alarm der Betroffenen ist dadurch ständig angeschaltet.

---

[12] Zum Weiterlesen: Sendera A, Sendera M (2010) *Borderline – die andere Art zu fühlen*. Springer, Heidelberg

Dazu kommt eine beeinträchtigte Funktion eines vorderen Großhirn-Anteils, des präfrontalen Kortex. Dieser steuert im Normalfall die Amygdala und bremst unangemessene Gefühle. Bei traumatisierten Menschen dauert es länger, bis der präfrontalen Kortex die Über-Erregung der Amygdala wieder herunterschaltet.

Im Gefühlsleben der Betroffenen spiegelt sich das als erschreckend plötzlich auftretendes, sehr starkes, unangenehmes Gefühl wider, für das es keinen sinnvollen Grund gibt.

Feuer mit Feuer bekämpfen

Oft fragen sich Angehörige, warum traumatisierte Menschen ihre negativen Gefühlszustände so erleben und mit Methoden steuern, die es ihnen von außen betrachtet doch schaden. An der Borderline-Persönlichkeitsstörung leidende Personen nehmen negative Sinneswahrnehmungen einfach schneller und häufiger wahr als andere Menschen, positive Sinneswahrnehmungen werden hingegen nicht richtig verarbeitet[13]: Betroffene bemerken Positives weniger leicht und bewerten es auch als weniger gut. Stecken sie also in den negativen Gefühlen fest, können sie positive Dinge kaum wahrzunehmen und diese daher auch nicht aktiv zur Verbesserung ihrer Gefühle nutzen. Obwohl das negative, selbstschädigende Denken und Handeln die Lage längerfristig verschlimmert, bewirket es aber kurzfristig tatsächlich einen Ausbruch aus dem aufgestauten negativen Gefühlszustand. Diese kurzfristige Erleichterung wirkt wie eine Belohnung, die das eigentlich schädliche Verhalten als etwas Gutes und wenigstens kurzfristig Nützliches erscheinen lässt.[14]

---

[13] Die in diesem Abschnitt zitierten Studien beziehen sich auf die Borderline-Persönlichkeitsstörung. Wegen der vielen Gemeinsamkeiten dieser Störung mit der komplexen Posttraumatischen Belastungsstörung kann man annehmen, dass die hier beschriebenen Mechanismen auch bei dieser Störung vorhanden sind.

Gedanken zur Gothic- und Vampyr-Subkultur aus psychologischer Sicht

Blut zur Emotionsregulation

Zusammengefasst sind verschiedene Komponenten der normalerweise automatisch ablaufenden Emotionsregulation bei Menschen mit Borderline-Persönlichkeitsstörung und Komplexer Posttraumatischer Belastungsstörung gestört. Somit stauen sich alle Arten negativer Gefühle immer wieder auf, bis sie zu der von den Betroffenen oft beschriebenen unerträglichen inneren Anspannung werden. Diese kann auch in Dissoziation umschlagen, die ebenso unerträglich und beängstigend für die Betroffenen ist.

Starke Sinnesreize sind ein schnelles und effektives Mittel, um solche negativen Zuständen beenden zu können. Dieser Mechanismus wird auch als ein Element in der dialektisch-behavioralen Therapie genutzt.[15] Dabei erstellen die Betroffenen einen so genannten Notfallkoffer für sich. In diesen befinden sich Dinge, die die Betroffenen über starke Sinnesempfindungen aus den negativen Gefühlszuständen herausholen können. Der Gebrauch dieser Gegenstände soll im Gegensatz zum ursprünglich selbstschädigenden Verhalten aber keine schädlichen Folgen für die Betroffenen haben.

In einem solchen „Notfallkoffer" kann sich beispielsweise ein Zettel mit dem Hinweis auf vorbereitete Eiswürfel im Tiefkühlschrank befinden. Deren Kälte ist eine intensive und auch schmerzhafte Sinnesempfindung, die aber in Gegensatz zum Ritzen der Haut keine Verletzungen und Narben hinterlässt. Über nicht gefährliche, kontrollierte Schmerzzufügung. Beispielsweise funktioniert auch das Tragen eines

---

[14] Beraldi A (2010) *Interaktion von Emotion und Kognition als Grundlage für die Verhaltensregulation bei der Borderline-Persönlichkeitsstörung* (Dissertation, Med. Fak., LMU München)

[15] Zum Weiterlesen: Bohus & Wolf (2009) *Interaktives Therapieprogramm für Borderline-Patienten. Therapeuten-Version.* Schattauer, Stuttgart

Gummibandes am Handgelenk, das bei Bedarf immer wieder angezogen wird und schmerzhaft auf die Haut zurückschnellt. Auch das Zerbeißen von Chilischoten, das Riechen an Ammoniak, das Lutschen von Brausetabletten oder Wasabi (sehr scharfer Meerrettich, bekannt aus Sushi-Gerichten) werden als nicht schädliche, starke Sinnesreize eingesetzt.

Blut ist nun ein sehr starker Sinnesreiz, der gleichzeitig gesehen, gerochen, geschmeckt und gefühlt werden kann. Die Farbe Rot (hier: blutrot) ist eine schnell und deutlich wahrnehmbare Warnfarbe. Auf den Anblick frischen Blutes reagieren viele Menschen mit einer spontan negativen emotionalen Reaktion, wie Erschrecken oder Ekel.

Dass Blut normalerweise als negativer, starker Sinnesreiz wahrgenommen wird, passt gut zu der Tatsache, dass traumatisierte Menschen genau solche Sinnesreize brauchen, um aus sehr starken emotional belastenden Zuständen herauszukommen.

Dies passt zu Ergebnissen der AVA-Studie. Viele Vampyre gaben an, in der Phase ihres „Awakenings"[16] unter Stimmungsschwankungen und Veränderungen ihrer Selbst- und Sinneswahrnehmung (Dissoziation) gelitten zu haben. Dies sind genau die Zustände, in denen traumatisierte Menschen oft zu negativen Strategien greifen, um ihre Emotionen zu beeinflussen.

Es ist vorstellbar, dass ein Mensch, der gerade in einem Zustand starker Anspannung oder Dissoziation ist, zunächst zufällig in eine Situation gerät, bei der er Blut zu sehen bekommt. Da traumatisierte Menschen negative Reize schneller und intensiver wahrnehmen als andere, könnte ein so spontan auftretender negativer Reiz ihre Aufmerksam besonders stark auf sich ziehen. Wenn diese starke Sinneswahrnehmung des Blutes den emotional negativen Zustand, in dem die Person sich während des

---

[16] Die Lebensphase, in der einem Menschen klar wird, dass er ein Verlangen nach dem Konsum von Blut hat

Anblicks befindet, durchbricht, so empfindet der Betroffene zunächst eine schnelle, deutliche Verbesserung seines Wohnbefindens. Verständlicherweise wird das Blut von da an als etwas Positives wahrgenommen. Wiederholt die Person künftig beabsichtigt den Konsum von Blut und bemerkt dabei, dass dieser jedes Mal die vorher bestehenden negativen emotionalen Zustände beendet, so wird nachvollziehbar, warum die Betroffenen auf den Blutkonsum nicht mehr verzichten wollen. Das Erleben der Vampyre lässt sich auf diese Weise gut erklären. Es wird klar, dass sie sich ihr starkes Bedürfnis nach Blut keineswegs einbilden.

Der Blutkonsum kann als Methode zur Regulation der eigenen Gefühlszustände derartig in den Vordergrund treten, dass die Betroffenen auf andere, eher selbstgefährdende Verhaltensweisen, verzichten können. Hierzu passt, dass nur eine sehr kleine Minderheit der Vampyre, die an der AVA-Untersuchung teilnahmen, angab, sich selbst zu verletzen oder Alkohol oder Drogen zu konsumieren. Dieses Ergebnis ist besonders erstaunlich, da fast die Hälfte dieser Personen von körperlichem und/oder sexuellem Missbrauch in der Kindheit berichtete. Hierbei wurden Personen, die in ihrer Kindheit Vernachlässigung und emotional instabilen Eltern ausgesetzt waren, noch nicht einmal mit berücksichtigt. Diese Personengruppe scheint bei den deutschen Vampyren merklich vertreten zu sein.

Gemeinsamkeiten beim ersten Blutkonsum

Zu den bisherigen Überlegungen passen drei exemplarische Fallbeispiele von sanguinischen Vampyren aus Deutschland, mit denen wir (M. u. L. Benecke) Gespräche führten. Alle drei zeig(t)en in ihrem bisherigen Leben Symptome, die sich sowohl als komplexe Posttraumatische Belastungsstörung oder in einem Fall als Borderline-Persönlichkeitsstörung beschreiben lassen, als auch durch wiederkehrende Phasen schwerer Depressionen.

Im ersten Fall kam die betreffende Person während einer Schlägerei im Jugendalter plötzlich und überraschend erstmals mit (hier: spritzendem) Blut in Kontakt. Die Person erlebte den Anblick und Geschmack des Blutes, das sie von ihrer Hand ableckte, als berauschendes Gefühl des sich selbst Spürens. Diese Schilderung erweckt den Eindruck, als sei eine durch die negativen Gefühle der Konfliktsituation aufgetretene innere Abwendung vom Geschehen (Dissoziation) durch die intensive Sinneswahrnehmung des Blutes durchbrochen worden.

Der zweite Fall ereignete sich in der Kindheit der Person. Ein Spielkamerad verletzte sich und blutete dabei. Die Person beschreibt einen Schrecken über die Verletzung und damit einhergehende Angst. In kindlicher Naivität habe sie die Blutung stillen wollen, indem sie die blutende Stelle ableckte. Die Wahrnehmung des Blutes sei dabei überraschend intensiv gewesen, so dass sie die Angst und Sorge in diesem Moment vergessen habe. Auch hier wurden also starke negative Gefühle durch die Konfrontation mit dem Blutgeschmack schlagartig beendet.

Im dritten Fall begann die Person, den Anblick und Geschmack von Blut zunächst im Rahmen von Selbstverletzung im frühen Jugendalter als etwas Positives wahrzunehmen. Dabei wurde das selbstverletzende Verhalten nach einiger Zeit zugunsten des ausschließlichen Konsums fremden Blutes durch freiwillige Spender aufgegeben.

Blut, Gefühlskontrolle, Sex und Energie

Es wäre spannend, wenn es weitere und systematischere Forschung zu der Frage gebe, ob Blut für viele Anhänger der Vampyr-Subkultur tatsächlich ein Mittel der Einflussnahme auf die eigenen Gefühlszustände ist. Im Zusammenhang damit wäre eine umfangreichere Untersuchung dazu, wie viele Mitglieder dieser Subkultur traumatische Kindheitserfahrungen gemacht haben, interessant. Die Daten der AVA-Studie und die von mir geführten Gespräche deuten auf eine verhältnismäßig große Anzahl von in ihrer Kindheit traumatisierten Vampyren hin.

Nicht genau klären konnte ich, wie groß der Anteil der Menschen in der Subkultur ist, der nicht wegen der Emotionsregulation, sondern einfach wegen sexuellem Interesse an Blut einvernehmliches Trinken von freiwilligen Partnern praktiziert.

Bei meinen Recherchen in Internetforen fiel mir eine zu einer dritten Kategorie zählende Untergruppe der Subkultur auf, die so genannten Energie-Vampyre. Das sind Menschen, denen es hauptsächlich auf die Vorstellung ankommt, anderen Menschen deren Energie zu entziehen. Dies tun sie vollkommen blutfrei, nämlich einfach über die Vorstellungskraft. Dieser Mechanismus ähnelt direkt einer psychotherapeutischen Technik, die Imagination genannt wird.[17]

Auch die Blut trinkenden Vampyre haben den Eindruck, über das Blut die Energie des anderen Menschen in sich aufnehmen zu können. Dies kann dem bei depressiven Menschen vorkommenden Gefühl, schwach und antriebsarm zu sein, entgegenwirken. Depressive Symptome kommen bei traumatisierten Menschen oft vor. Die Ergebnisse der AVA-Studie und meiner Gespräche deuten darauf hin, dass ein sehr großer Teil der Menschen in der Vampyrsubkultur an Depressionen leidet oder in früheren Lebensphasen gelitten hat.

Imaginations- und Entspannungstechniken[18] werden bei der Therapie unterschiedlicher Störungen eingesetzt. Besonders traumatisierte Menschen profitieren sehr von Imaginationstechniken.[19] Dass solche Techniken eine deutliche Wirkung haben, ist belegt. So können mithilfe bestimmter Übungen Körpertemperatur, Herzschlag und auch

---

[17] Siehe Seite 75ff (Interview mit Vamypren)

[18] Weitere Infos dazu auf Seite 25ff (Interview mit Bernd Harder)

[19] Zum Weiterlesen: Reddemann L (2007) *Imagination als heilsame Kraft. Zur Behandlung von Traumafolgen mit ressourcenorientierten Verfahren.* Klett-Cotta, Stuttgart

Gefühle messbar beeinflusst werden. Nicht nur Körperfunktionen (wie Botenstoffe im Gehirn und Hormone) beeinflussen Gefühle, Denken und Handeln. Die aktive Beeinflussung von Gedanken und Gefühlen und das Erlernen neuer Verhaltensstrategien hat auch einen Einfluss auf den Körper.

Mittlerweile ist nachgewiesen, dass erfolgreiche Therapien sogar Funktionen des Gehirns verändern und Mechanismen, die vor der Therapie nicht richtig funktioniert haben, in einem gewissen Umfang verbessern können. Therapie ist aber keine passive Sache. Die Beteiligten bekommen Hilfe, müssen aber auch sehr viel mit der Hilfe des Therapeuten aktiv an sich arbeiten und Methoden, die sie lernen, regelmäßig üben.

Ich empfehle allen Menschen, die merken, dass früher gemachte Lebenserfahrungen sie über lange Zeiträume belasten oder die länger bestehende Eigenschaften (wie Ängste, starke Gefühlsschwankungen, Zwänge, Traurigkeit, Antriebsarmut usw.) an sich bemerken, die ihre Lebensqualität oder ihre Leistungsfähigkeit deutlich einschränken, ein Gespräch mit einem psychologischen Psychotherapeuten auszuprobieren. Dort kann erstmal geklärt werden, ob es sich vielleicht um eine Störung handelt, die man behandeln kann und welche Art von Therapie sinnvoll sein könnte.

Positive Effekte der Zugehörigkeit zur Gothic- Subkultur

Als ich begann, in der Tagesklinik für Menschen mit psychischen Erkrankungen zu arbeiten, wurde mir besonders deutlich, dass auch innerhalb der Gothic-Subkultur Vorgänge ablaufen, die denen in Selbsthilfegruppen oder Gruppentherapien ähneln. In Kliniken machen die Patienten unter anderem die Erfahrung, nicht die einzigen

Gedanken zur Gothic- und Vampyr-Subkultur aus psychologischer Sicht

Betroffenen zu sein, in einer geschützten Gruppe zu ihren Störungen stehen zu können und das Auftreten der Erkrankung akzeptieren zu lernen. Allein dies wirkt meiner Erfahrung nach gerade zu Beginn einer Behandlung sehr entlastend und positiv. Es ist nahe liegend, dass dies auch bei Menschen, die aus anderen Gründen aus der durchschnittlichen Bevölkerungsnorm herausfallen, positiv wirkt.

Ich möchte betonen, dass es mir nicht darum geht, zu belegen oder zu widerlegen, dass psychische Störungen in der Gesamtheit beispielsweise der Gothic-Subkultur tatsächlich bedeutend häufiger vertreten sind als in anderen Bevölkerungsgruppen. Hierfür fehlen einfach gesicherte Daten. Man müsste – wie am Beispiel der Vampyr-Subkultur klar wird – die vielen, sehr diversen Untergruppen der Gothic-Subkultur einzeln beleuchten. Erst dann könnte man Gemeinsamkeiten und Unterschiede dieser Untergruppen benennen und Aussagen zu den Besonderheiten der jeweiligen Gruppenmitglieder treffen.

Zur Gesamtheit der Gothic-Subkultur lässt sich sagen, dass dort Menschen mit ihren individuellen Eigenarten deutlich mehr angenommen und gewertschätzt werden als in vielen anderen sozialen Gruppen. Lebensbereiche, die in der Allgemeingesellschaft oft tabuisiert sind (wie psychische Erkrankungen, traumatische Erlebnisse, besondere sexuelle Vorlieben, Umgang mit negativen Gefühlen und so weiter), werden in der Subkultur auf unterschiedliche Art künstlerisch verarbeitet. Das schafft eine Atmosphäre, in der Menschen sehr offen mit diesen Bereichen des Lebens umgehen, mit anderen darüber kommunizieren und sie so besser bei sich und anderen akzeptieren können.

Natürlich bietet die Zugehörigkeit zu Subkulturen für ernsthaft psychisch erkrankte Menschen keinen Ersatz zu einer psychologischen und/oder psychiatrischen Therapie. Schwer kranke Menschen würden ohne eine angemessene Behandlung auch zur Gothic-Subkultur längerfristig den Kontakt verlieren, weil die starken Auswirkungen ausgeprägter psychischer Erkrankungen oft alle Lebensbereiche einschränken und zur Isolation der Betroffenen führen.[20]

Die Stärken der genannten Subkulturen wie Toleranz, gegenseitige Wertschätzung und Offenheit können aber allgemein eine Bereicherung für die individuelle Entfaltung und eine positivere Sicht auf die persönlichen Eigenarten sein.

---

[20] Vgl. den Fall Manuela Ruda. Anm. M.B.

Mark & Lydia Benecke mit Mitgliedern des *Nexus Noctis*

Interview mit Real-Life-Vampyren

Einleitung

Dieses Treffen werde ich niemals vergessen. Es war ein glühend heißer Julitag, und weil das für die Mitglieder der Vampyr-Vereinigung *Nexus Noctis* halbwegs praktisch war, trafen wir uns von allen verfluchten Orten ausgerechnet in Hamburg. Und zwar auf der Reeperbahn. Offen besprochenes Ziel war unter anderem die psychologisch saubere Feststellung der seelischen Besonderheiten von Vampyren; nach dem Treffen erstellte Lydia einen Bogen, der den Diagnose-Kriterien streng folgte. So gelang weltweit erstmals die eindeutige Beschreibung der psychologischen Eingruppierung von Vampyren.

Lydia und ich saßen in lächerlichen Strandstühlen und schlürften billige Cocktails, die, kaum dass der Kellner sie heraustrug, auch schon lauwarm wurden. Wir hatten die gesamte Reeperbahn im Blick; es war niemand unterwegs. Selbst die grauenhaften Junggesellengruppen hatten sich vor der höllischen Helle und Hitze verkrochen. Es war wirklich unerträglich.

Urplötzlich standen sie vor uns: Eine Gruppe schwarz gekleideter Menschen wie aus den Matrix-Filmen. Man hätte sie unmöglich übersehen können. Wir hatten sie trotzdem nicht wahrgenommen.

Mit letzter Willenskraft verkrochen wir uns gemeinsam vor der Sonne – in einen gegenüber gelegenen, angeblichen Kult-Schuppen, dessen coolstes Getränk ein durchaus leckeres Likörchen namens „Ficken" war. Die Kellnerinnen überredeten wir, die Musik auszustellen, um das Gespräch verständlich aufzeichnen zu können. Sie taten es. Warum, das weiß kein Mensch. Vielleicht sahen wir wirklich gruselig aus.

Und so fing es an, unser Interview mit den Real Life-Vampyren, darunter ein festes Paar. Es war eins der eindrucksvollsten, offensten und interessantesten Gespräche, die ich in meinem Leben geführt habe. Liebe Vampyre, danke schön für Euer Vertrauen und Euren Respekt, Euch und der restlichen Welt gegenüber. Ihr seid etwas ganz Besonderes.

Besonders spannend fand ich bei der Bearbeitung des Interviews die nötigen Begriffs-Klärungen, beispielsweise zur Auffassung des Fetischismus. Ich habe diese Stellen im Text unbereinigt so belassen, um zu zeigen, dass es notwendig ist, sich erst einmal gegenseitig zuzuhören. Auch darin, im Zuhören, sind die Vampyre übrigens MeisterInnen. Kein Wunder: Sie fühlen sich lebenslang als Fremde in einer für sie teils nur schwer erklärlichen Welt. Anstatt aber mit Muskelkraft und Gebrüll eine Schneise zu schlagen, ziehen sie lieber auf dem schon im vorigen Band (*Vampire unter uns! Band 1 Rh. pos.*) beschriebenen, samtenen Pfad durch die Wirren der Welt – ziemlich genau so wie die Elben im *Herrn der Ringe*.

M.B.

Interview

Mark: Es ist vier Uhr nachmittags am vierten Juli 2010. Wir sind auf der Reeperbahn. Anwesend sind...

NP: Lydia...

NP: ...Marvin...

NP: ...Fallen...

NP: ...Markus...

NP: ...Jeanette...

NP: ...und der Benecke.

BLUTFETISCHISMUS...

Mark: Wir machen jetzt einfach sofort da weiter, wo das Interview mit Angelus aus dem vorigen Buch inhaltlich vor vielen Jahren aufhörte. Wie ist das bei Euch mit Blutfetischisten – gibt es welche und wenn ja, wie viele?

Jeanette: Ich würde mit der Definition von Blutfetischismus anfangen.

Lydia: Okay. Menschen, die beim Anblick und / oder Geschmack von Blut sexuell erregt werden, für die Blut also sexuell erregend ist oder die Sexualität verstärkt.

Markus: Wie weit würde diese sexuelle Stimulation denn gehen? Müsste beispielsweise ein Mann davon eine Erektion bekommen?

Mark: Ja. Es müsste wirklich sexuell erregend sein.

Jeanette: Aber im Lexikon steht beispielsweise, dass ein Fetisch einfach ein unbelebter Gegenstand ist, dem besondere Kräfte zugewiesen werden.

Mark: Stimmt, Blut ist natürlich eigentlich unbelebt und damit etwas Gegenständliches.

Jeanette: In der Vampyrszene ist jedoch die Vorstellung verbreitet, dass Blut irgendwelche magischen Kräfte hat bzw. Träger der Lebensenergie eines Menschen ist. Laut dieser Definition würde demnach alles in die Kategorie eines Blutfetisch fallen.

Mark: Wir meinen jetzt aber erst mal sexuellen Fetischismus. Fühlt ihr eine sexuelle Anregung durch den Anblick von Blut?

Markus, Jeanette, Marvin, Fallen: Nein.

Lydia: Kennt ihr Leute in der Szene, die das von sich sagen?

Jeanette: Ja. Es gibt sogar einige, die sagen, beim Sex Blut zu trinken, sei das einzig Wahre und das Höchste der Gefühle. Allerdings ist es dabei schwierig herauszulesen, ob sie es so sehen wie wir – nämlich dass man Sex mit Blut kombinieren kann, aber nicht muss.

Fallen: Ganz ganz viele in der Szene sagen, Vampyr ist man nur, wenn es für einen selber nichts mit Sex zu tun hat, sondern wenn es ein Grundbedürfnis ist.

Jeanette: Es gibt auch Fälle, bei denen die Sexualität komplett durch den Blutfetischismus ersetzt wurde. Sie sind asexuell und erleben körperliche, sexuelle Erregung nur durch das Trinken von Blut.

Mark: Wie viele sind das?

Jeanette: Nur wenige. Sie ersetzen die natürliche Sexualität durch das Bluttrinken oder den Blutfetisch. Mir fällt jetzt spontan eine Person ein...

Markus: Ich glaube wir denken über dieselbe Person nach.

Jeanette: Das Mädchen, über das wir nachdenken, ist seit acht Jahren aus der Szene raus und vom Bluttrinken weg. Seit ich ihr die Zusammenhänge erklärt habe, dass es wahrscheinlich nur die Verdrängung ihrer Sexualität war, die sie im Bluttrinken ausgelebt hat, ist sie zu der Einsicht gelangt, dass sie ihren Sexualtrieb eigentlich gar nicht unter Kontrolle, sondern nur verlagert hatte.

... VERSUS BLUTDURST

Mark: Das ist also die fetischistische Reinform: Blut als Sexualersatz. Was ist mit solchen, die Blut als *Ergänzung* zur Sexualität einsetzen?

Jeanette: Da gibt es zwei Gruppen. Eine weiß, dass sie den Blutfetischisten angehören und ist zum Beispiel auch in SM-Gruppen unterwegs.

Interview mit Real-Life-Vampyren

Die zweite Gruppe glaubt zwar, dass sie selbst keine Blutfetischisten sind, und dass Vampyre keine Tendenzen zum Blutfetischismus haben dürfen, sonst wären sie keine echten Vampyre, aber sie kombinieren Blut trotzdem mit Sex und haben meiner Meinung nach durchaus fetischistische Neigungen. Sie brauchen zum Beispiel körperliche Nähe und den Kontakt zur Haut, nicht einfach nur Blut. Außerdem muss der Spender eine ganz spezielle Person sein und sie würden mit ihm auch Sex haben.

Markus: Wenn ich über dieses Thema mit jemandem spreche, der nur dann Blut trinkt, wenn er es mit Sex kombinieren kann, und sage, dass ich eigentlich kein Bedürfnis an der Person habe, sondern lediglich das Blut möchte, kommen manchmal Fragen wie: „Was hast du denn dann davon?"

Mir sind die Leute, die Blut nur als sexuelle Anregung nutzen, immer ein bisschen suspekt und sie können wiederum mich nicht nachvollziehen oder sehen mich komisch an, wenn ich sage, es geht mir um nichts Sexuelles, ich habe bloß das Bedürfnis Blut zu trinken.

Fallen: Dass Blutfetischisten keine Vampyre sind, ist auch die normale Meinung in der Szene. Die Toleranzgrenze ist nicht hoch. Es gibt oft Themen wie „Achtung: Wie man Blutfetischisten von echten Vampyren unterscheidet".

Mark: Aber könnte es nicht sein, dass erst der Blutaustausch eine Anregung bewirkt, und danach der Sex kommt, um das Ganze noch ein bisschen mehr zu intensivieren?

Jeanette: Ja. Vampyre geraten beim Bluttrinken in einem gewissen Rausch und kombinieren es deshalb auch gelegentlich mit Sex.

COMMUNITY UND LIFESTYLE

Lydia: Müsste man sich als Vampyr nicht auch für Vampirfilme oder so etwas interessieren?

Jeanette: Nein.

Markus: Nicht unbedingt. Das ist übrigens auch gar nicht so gerne gesehen, weil es dann heißt, derjenige macht bloß die Filme nach und lebt nach einem fiktiven Bild...

Marvin: ...und ist nur ein „Lifestyler."

Jeanette: Vampyre können sich aber durchaus für fiktive Vampire interessieren. Es ist allerdings wichtig, eine Trennlinie zwischen der Begeisterung für diese Themen und dem gelebten Vampirismus zu ziehen. Es kommt sonst vor, dass dabei Vorbilder für die eigene Lebensweise geschaffen werden und diese Personen sich in ihren Vorstellungen verlieren. Dadurch fühlen sich aber einige auch dazu berufen, feste Regeln für die Definition vom Vampyr aufzustellen.

Markus: Wir müssen als große Vampyrgemeinschaft natürlich auch aufpassen, dass das Miteinander funktioniert. Wenn jemand versucht, anderen Dogmen aufzudrücken, ist er nicht mehr tragbar für die Gemeinschaft. Vor allem steigern sie sich mit der Zeit gegenseitig immer mehr in ihre Vorstellungen hinein, weil es zunehmend darum geht, der beste und übermenschlichste Vampyr zu sein.

Das fällt letztendlich auf die gesamte Community zurück, weil wir dann Leute dulden, die sich dermaßen beeinflussen lassen... der Fall Manuela Ruda ist ja bekannt. Auch sie ist damals in den Foren, in denen sie unterwegs war, in ihren Einbildungen negativ bestärkt worden.

Mark: Wobei die Rudas ja ziemlich rumgeirrlichtert sind. Sie haben versucht, sich an alle möglichen Szenen anzukleben.

Markus: Richtig, aber Manuela hat sich eben auch sehr durch diese falschen Auffassungen des Vampirismus verblenden lassen, nicht zuletzt durch die Rollenspielaspekte, die damals weit verbreitet waren.

Es ist ein nicht zu unterschätzendes Problem, dass viele Leute in ihren Behauptungen unbelehrbar sind. Man kann ihnen sogar die logischen Gründe aufzählen, warum es einfach schlecht ist, in einer Community damit zu hausieren. Deshalb gehen wir auf die Leute zu und sagen ihnen: „Hör zu, wenn du hier nur Witze machst, dann hör bitte damit auf, weil es Leute gibt, die Dir das eventuell abnehmen könnten und sich negativ beeinflussen lassen."

Ich selbst habe in der Vergangenheit auch eine Phase durchlebt, in der ich mich im Vampyrismus verloren hatte. Glücklicherweise erhielt ich in der Gemeinschaft schließlich die nötige Unterstützung und einen Schubs in die richtige Richtung.

Deshalb helfe ich heute auch gerne, wenn ich die Möglichkeit dazu habe.

Mark: Manuela Ruda war auch bis zur Haarspitze voll mit Psychopharmaka – verschriebenen wegen diagnostizierter seelischer Krankheiten. Außerdem haben die Rudas auch viele Sachen miteinander vermischt, beispielsweise die angeblichen transsilvanischen Vampire und das Tötungsdelikt in Sondershausen um die Band „Absurd". Also alles totaler Quatsch; die beiden waren wirklich sehr, sehr schlecht informiert.

* * *

AUGENHÖHE

Mark: Man kann das Vampyrische ja durchaus ins Leben integrieren. Wie kommt es aber, dass es so viele Dropouts gibt, also Leute, die aus der Szene wieder „raus gehen"?

Jeanette: Ich denke, bei vielen ist das nur eine Phase, die sich im Laufe der Zeit wieder rauswächst.

Mark: Aber wie kommen diese Leute dann ins Forum? Hat Vampirismus bei Jugendlichen vielleicht einfach 'nen Coolnessfaktor?

Markus: Definitiv. Es ist eine Selbstfindungsphase, welche die meisten Jugendliche durchleben, aus der viele der späteren Dropouts kommen. In der Szene angekommen, stellen sie fest – wie auch in anderen Subkulturen, bei Punks, bei Gothics, et cetera –, dass sie sich etwas eingeredet haben, was nicht ihrem Lebensweg entspricht, und dass sie es nicht brauchen.

Jeanette: Es gibt auch diesen Zauber am Anfang, der dann später verfliegt. Viele kommen in unser Forum und denken, alles sei so mystisch und irgendwo sind die allwissenden Vampyre versteckt. Nach einer Weile ist der Nervenkitzel verflogen und es ist nicht mehr wirklich spannend.

Marvin: Vor allen Dingen, wenn sie feststellen, dass wir eigentlich ganz normale Leute sind, die nur ihr Leben leben wollen. Und nicht irgendwelche übernatürlichen Wesen.

Jeanette: Das geht bei uns ganz schnell. Wir versuchen nach außen hin, aber auch bei unseren Treffen, zu zeigen: „Wir haben zwar ein paar kuriose Vorlieben, aber wir haben das so in unser Leben integriert, dass wir eigentlich auch ein normales Leben führen und dass wir auf dem Teppich geblieben sind."

Markus: Das versuchen wir vorzuleben und als erstrebenswertes Ziel zu übermitteln. Vor allen Dingen versuchen wir auch möglichst, den Aufbau einer Hierarchie in unseren Reihen zu vermeiden. Wir sind nicht daran interessiert, Leute zu finden, die uns folgen. Wir wollen lediglich helfen, wenn jemand bei sich selbst Parallelen zu unseren Eigenschaften entdeckt, und dabei wollen wir mit den Leuten auf Augenhöhe sprechen können.

Mark: Was hat dir denn am meisten geholfen, aus dem verlorenen Zustand heraus zu kommen?

Markus: Dass ich Leute hatte, die mich ganz normal behandelt haben und die auch selber ganz normal geblieben sind.

Mark: Was lief denn in diesem Zustand bei Dir ab?

Markus: Ich habe mir vieles eingeredet. Ich fing an, mich selbst nicht mehr als Mensch zu definieren, sondern als ein übernatürliches Wesen, habe den Respekt vor meinen Mitmenschen verloren und mich von ihnen abgekapselt. Das ist das Schlimme daran, wenn man sich im Vampyrismus verliert: Man fängt an, andere Menschen als unwert zu betrachten.

Fallen: Das passiert ganz schnell. Wenn man sich schon sein ganzes Leben lang anders fühlt oder die ganze Zeit wie vom andern Stern, dann ist es leicht, die Identifikation zu verlieren.

Interview mit Real-Life-Vampyren

Mark: Erleben die meisten Vampyre diese Phase?

Fallen: Ich denke schon.

Markus: Am Anfang machen vermutlich alle eine kleine Phase dieser Art durch und ich glaube, für viele ist es ein sehr schwieriger Schritt, zuzugeben, dass sie eigentlich ganz normale Menschen sind. Man muss sich erstmal selbst sagen können, dass man wirklich menschlich ist, aber trotzdem noch den Vampir in sich trägt. Viele distanzieren sich anfangs so stark vom Mensch-Sein, dass sie es dann auch wirklich...

Jeanette: ...als Beleidigung sehen, wenn man sie so nennt.

Markus: Was ja auch wieder zum gesellschaftlichen Ausschluss führt und die ganze Verwirrung verstärkt. Das ist ein Teufelskreis, der sich dann einstellt, denn so entsteht das große Problem:
Man erkennt Züge an sich, die nicht den gesellschaftlichen Konventionen entsprechen, fängt dadurch allerdings auch an, sich für etwas besseres zu halten, wodurch man den sozialen Kontakt verliert, denn selbstverständlich schlägt sich das auf das eigene Verhalten nieder, das man seinen Mitmenschen gegenüber hat. Durch den Verlust dieses Kontaktes sieht man sich dann in der Vorstellung bestätigt, kein Mensch zu sein, da man natürlich nicht gefürchtet oder bewundert, sondern gemieden wird, weil man selbst die Menschen meidet und ihnen keinen Respekt mehr erweist.

Fallen: Das ist auch gerade in der Schule so.

Lydia: Also wie bei vielen Grufties.

* * *

UNSICHTBAR WERDEN

Markus: In meiner Phase der Verlorenheit war es aber nicht so, dass ich gemieden wurde, sondern habe eher Blicke auf mich gezogen. Zu der Zeit habe ich allerdings nicht sonderlich viel Wert darauf gelegt. Womöglich habe ich das aber ein wenig als Bestätigung gesehen und musste dann teilweise aufpassen, dass ich nicht zu viel zeige.

Mark: Von was?

Markus: Je mehr man sich in diese Sache hineinsteigert, desto mehr wird man auch tatsächlich dem fiktiven Vampir ähnlich. Mir ist damals aufgefallen, dass ich unglaublich oft Leute erschreckt habe, weil ich ohne ein vorwarnendes Anzeichen plötzlich neben ihnen stand. Ich hatte mir angewöhnt, mich absolut geräuschlos zu bewegen. Gar nicht mal bewusst, sondern einfach aus mir selbst heraus. Das führte dazu, dass mir nachgesagt wurde, ich könne aus dem Nichts auftauchen, was ich zu der Zeit natürlich als Kompliment verstanden habe, obwohl es mir manchmal auch leid getan hat, wenn die Betroffenen vor Schreck aufschrien oder weg gesprungen sind. Auf der anderen Seite habe ich aber auch gedacht, dass ich lieber aufpassen sollte, dass sich vor meinem Haus kein wütender Mob mit Mistgabeln und Fackeln versammelt.

(allgemeines Lachen)

Fallen: Das war bei mir auch so. Gerade wenn man sich so ein bisschen hineinsteigert: Es funktioniert wirklich. Ich hab mich zum Beispiel mit jemandem zum Kino verabredet und bin auf ihn zugelaufen, er hat auf mich gewartet und Ausschau gehalten und mich trotzdem nicht gesehen. Dabei hatte ich so einen Schachbrettmusterrucksack an, also wirklich auffällig. Ich stand dann für ihn ganz plötzlich neben ihm und sagte „hallo".

Marvin: Meine Mutter hat mich zwei Jahre lang nur den „Hausgeist" genannt, weil ich es immer geschafft habe, sie in jeder Lebenssituation zu erschrecken.

Selbst wenn ich mit 'ner Cola in der Hand einfach mitten im Raum stand, kam sie rein um zu putzen und hat über 'ne Minute gebraucht um zu merken, dass ich da bin und ihr zugucke.

Mark: Habt ihr eine Erklärung dafür, woran es liegen könnte, dass die Leute euch plötzlich nicht sehen? Einfach leise sein ist die eine Sache, aber wenn man auf jemanden zugeht, sieht das doch anders aus.

Markus: Ich denke, weil man seine Ausstrahlung verändert, ohne es zu bemerken. Dadurch kann man nicht nur unauffällig werden, sondern seinen Mitmenschen auch gehörige Angst einjagen. Mit fünfzehn habe ich meinen damaligen Mathematiklehrer einmal nur durch meinen Blick so sehr verunsichert, dass er die Stunde nicht weiterführen konnte, bevor ich ihn nicht „freigelassen" habe, was allerdings bei meinen Mitschülern nicht für sonderlich viel Applaus gesorgt hat, da die meisten von ihnen das Gefühl kannten. Ich sehe die Menschen heutzutage nicht mehr lange an. Nicht, weil ich schüchtern bin, sondern weil ich das Gefühl habe, ihnen damit Angst zu machen. In meiner Schulzeit musste ich eine Zeit lang ganz darauf verzichten, weil sonst sofort die Klagen und Vorwürfe über mich hereinbrachen, dass mein Blick so durchbohrend wirkt. Ich musste auch immer in vorderster Reihe sitzen, weil meine Mitschüler sonst diesen Blick in ihrem Nacken gespürt haben.

Mark: Du hast es gerade nebenbei vorgemacht: den Kopf ein bisschen anders halten, ein bisschen anders gucken – man ahnte die Wirkung schon gut.

Markus: Ich fand es früher immer recht amüsant, wenn ich mit einem Vampir verglichen wurde. Ich hatte in Frankreich einmal ein paar Urlauberinnen kennen gelernt, mit denen ich mich angefreundet habe, die bei gemeinsamen Fotoaufnahmen immer gewettet haben, ob sie den Beweis dafür erhalten würden, dass ich ein Vampir sei, weil ich später vermutlich nicht auf dem Foto zu sehen sein würde.

Jeanette: Insgesamt kommen diese ganzen Wirkungen auf die Leute nur von der inneren Einstellung, die nach außen strahlt.

DIAGNOSEN AUS DER REAL WORLD

Markus: Als ich vierzehn oder fünfzehn war, habe ich sehr deutlich die beunruhigende Wirkung bemerkt, die ich auf die Leute hatte und habe sie teilweise bewusst gegen diejenigen eingesetzt, die mich aus irgendeinem Grund verärgert hatten. Man könnte sagen, dass ich sie mit meinem Blick förmlich verbrannt habe und sie haben sich wahrscheinlich auch so gefühlt.

Mark: Meinst du, das diente irgendeiner Abwehr, vielleicht seit der Kindheit?

Markus: Unwahrscheinlich. Das alles entwickelte sich erst in der Phase, in der ich „mehr Vampyr als Mensch war". In meiner Kindheit gab es zwar Situationen, in denen ich mich wehren musste, aber das habe ich nicht auf psychischer Ebene getan, sondern vielmehr mit körperlichen Mitteln.

Fallen: Ich war eine Zeit lang in Therapie. Die haben immer „Depression" hingeschrieben, aber gesagt: „Bei Dir müssen wir uns irgendwie mal was Neues einfallen lassen."

Das ist irgendwie bei uns allen immer so. Die Psychologen wissen nichts damit anzufangen und nennen es „Depression".

Mark: Ist vielleicht besser, als hätten sie „Borderline" hingeschrieben...

Marvin: Ich bin relativ spät in die Szene reingekommen. Erwacht bin ich so mit sechzehn, siebzehn. Vorher war ich tatsächlich ein paar Jahre depressiv.

Das mag aber auch daran liegen, dass meine Eltern und ich bei einem Kinderarzt waren, der auf dieser amerikanischen „Ritalin-heilt-alle-Kinderprobleme"-Welle geschwommen ist. Er hat mich total mit den Tabletten zugepumpt, bis ich angefangen habe, mich aktiv dagegen zu wehren. Ich hatte alles von Kopfschmerzen und Schlafproblemen bis zu Depressionen.

AWAKENINGS

Mark: Wann habt ihr gemerkt, dass ihr Vampyre seid?

Marvin: Ich bin wie gesagt recht spät erwacht, würde ich sagen. Es war wie bei vielen ein recht fließender Prozess. Allerdings kam der Blutdurst bei mir ziemlich schlagartig.

Schlagartig trifft es sogar recht gut, da ich mein erstes Vamping-Out bei einer kleinen Keilerei mit einem Schulfreund hatte. Er hatte mich nur etwas geneckt, aber ich bin von einem Moment auf den nächsten sehr aggressiv geworden. Ich habe plötzlich meine ganze Umgebung intensiver wahrgenommen und konnte mich nicht kontrollieren.

Ende vom Lied war meine Faust in seinem Gesicht und entsprechend Blut an meiner Hand. Man sollte dazu sagen, dass ich davor und auch danach nie handgreiflich oder auch nur aggressiv gegenüber anderen war. Jedenfalls stellte sich zu dieser Zeit der regelmäßige Blutdurst ein.

Mark: Es hat also einfach Klick gemacht?

Marvin: Jeder kennt das, man schneidet sich versehentlich und leckt es dann ab. Aber wenn man das Blut von jemand anderem an sich hat, würde man es ja eigentlich eher wegwischen und ein Ekelgefühl haben. Das hatte ich überhaupt nicht.

Jeanette: Du hast es abgeleckt?

Marvin: Ja, ich hab's abgeleckt, und danach soll ich fast manisch angefangen haben zu lachen. Aber daran erinnere ich mich schon gar nicht mehr...

(allgemeines Lachen)

Marvin: Ich muss sagen, dass mein Kollege einen halben Kopf größer war und doppelt so schwer wie ich. Ich hatte ziemlich schnell auch seine Faust in meinem Gesicht, so ist das nicht. Deshalb hab ich auch nicht so viel davon mitbekommen.

(weiteres Lachen)

Marvin: Ich hatte damals noch keinen eigenen Spender. Daher habe ich eineinhalb Jahre Auto-Vampirismus durchgeführt. Ich hab von mir selbst getrunken, auch wenn es nichts bringt. Es war wie ein Placebo, man konnte den Körper ein bisschen bescheißen.

Weil ich dann aber wirklich dachte, „was für ein gestörtes Arschloch bin ich eigentlich", hab ich mich hingesetzt und im Internet geforscht. So bin ich dann irgendwann auf *Nexus Noctis* gestoßen und habe gemerkt, Mensch, ganz alleine bist du ja doch nicht. So bin ich in der Szene aktiv geworden, da muss ich achtzehn oder so gewesen sein.

LEBENSENERGIE

Mark: Nochmal kurz zum Auto-Vampyrismus. Wie oft hattest du das Bedürfnis – zunächst Dein eigenes – Blut zu trinken?

Marvin: Je nachdem, wie stark der psychische Druck war – meinetwegen wenn ich Prüfung hatte – hätte ich jeden Tag trinken können, ganz einfach.

Es ist auch heute so: Wenn ich entspannt bin und sehr ausgeglichen, dann hab ich nicht so schnell das Bedürfnis, wieder Blut zu mir zu nehmen. Wenn ich jeden Tag Doppelschichten schiebe, zwölf, dreizehn Stunden kellnern und dann auch noch irgendwie Stress zu Hause habe, dann steigt dieser Drang. Dann hab' ich einfach das Gefühl, dass ich mich viel mehr selbst verzehre und viel mehr verbrauche von dieser Energie und dann kommt auch der Blutdurst schneller.

Mark: Also, um negative Gefühle abzubauen?

Marvin: Nee. Um negative Gefühle abzubauen, hab ich damals Sport gemacht. Es war wirklich essentieller Blutdurst.

Ich hab mich ein-, zweimal geritzt und gemerkt, dass mein Selbsterhaltungstrieb sehr, sehr hoch ist und dass es mir nichts bringt.

Wenn ich Sport mache, also zwei Stunden am Stück laufe und danach noch Gewichte stemme, lassen sich Aggressionen und negative Gefühle viel besser abbauen als über Selbstverletzung.

Ritzen hat für mich unter diesem Aspekt überhaupt keinen Sinn gemacht. Für mich diente es wirklich immer nur der Blutgewinnung.

Was ich schon von vielen gehört habe und auch selbst bestätigen kann ist, dass je mehr Blut man bekommt, desto mehr möchte man haben. Ich halte meinen persönlichen Pegel einfach so niedrig, dass ich gut über die Runden komme.

Zumindest meistens. Manchmal muss ich mir auch in den Arsch treten, damit ich es nicht übertreibe mit dem Fasten. Ich weiß genau, dass ich bis zu einem gewissen Grad immer mehr haben möchte.

Ich konnte bisher nie sagen, dass ich vollkommen das Gefühl hatte „satt" zu sein. Jeder von uns weiß, glaube ich, worum es jetzt geht.

Mark: Die unstillbare Gier?

Marvin: Genau richtig. Und deshalb nehme ich so viel, wie ich brauche, aber nicht mehr. Und versuche, die Abstände möglichst groß zu halten.

Jeanette: Dass der Blutdurst in Stresssituationen stärker wird, hängt möglicherweise wirklich mit einem zunehmenden Defizit der Lebensenergie zusammen. Je mehr Energie in etwas investiert wird, umso mehr Energie muss wieder aufgenommen werden, wobei der einfachste Weg über den Konsum von Blut führt.

Mark: Aber ist das mit der Lebensenergie nicht symbolisch zu verstehen? Einen Kuss sehe ich ja auch als Symbol für Verbundenheit an, aber technisch wird man durch den Kuss ja nicht körperlich fest verbunden.

Jeanette: Es geht dabei nicht um ein Sinnbild, sondern um eine im Blut vorhandene Energie. Die Möglichkeit, dass man eventuell ein Stück der eigenen Seele im Blut mitgibt; ein Stück Wesen.

Markus: Aber letzten Endes wissen wir wahrscheinlich genauso viel wie ihr. Wir fragen uns selbst, weshalb es für uns so angenehm ist, Blut zu trinken und warum wir das Gefühl haben, Energie aus dem Blut zu gewinnen.

Mark: Wenn Du Deinem Körper mehr Energie zuschreibst, dann kannst Du messbar länger laufen oder schwerere Gewichte heben. Das ist nicht eingebildet, und so tritt ein Selbstverstärkungseffekt ein. Das könnte auch beim Bluttrinken so sein.

AWAKENING UND LEBENSLÄUFE

Mark: Wie lief das Awakening bei Dir ab?

Fallen: Ich sage eher „Erwachen", aber ist ja auch egal.

Markus: Wir können dem Kind auch einen ganz anderen Namen geben: Bewusstwerden.

Fallen: Bei mir gab es da ein Erlebnis, wo es eindeutig „klick" gemacht hat. Es hat sich aber schon früher angekündigt. Ich hab den Vorteil, dass ich Tagebuch geschrieben hab, seit ich sechs war. Der erste Gedankengang in diese Richtung, das hab ich jetzt mal wieder nachgelesen, trat mit zehn oder so auf. Ich hatte aufgeschrieben, dass ich glaube, eigentlich böse zu sein oder ein Monster. Irgendwie sowas. Mit elf war ich im *Tanz der Vampire*.

Mark: Film oder Muscial?

Fallen: Das Musical. Ich fand Vampire eigentlich schon ganz cool, habe mich aber als Kind nicht besonders für sie interessiert. Dann war ich im Musical und hab gemerkt, dass ich mich total gut damit identifizieren kann. Es hat irgendwas in mir sehr angesprochen.

Danach bin ich ins Internet gegangen und hab mich überall informiert. So ein bisschen rumgeschaut, auch ziemlich viel mit Büchern und Filmen beschäftigt. Und ein bisschen später habe ich mich dann auch mit dem mythologischen Vampir auseinandergesetzt. Ich bin da zuerst ein bisschen rumgeirrt, weil ich gemerkt hatte, da war irgendwas, aber ich konnte es anfangs noch nicht richtig zuordnen. Irgendwann bin ich auf den Begriff „Vampyr" gestoßen und die entsprechenden Foren im Internet. Weil mir selber bewusst war, dass ich noch ziemlich jung war, habe ich die Bezeichnung erst Jahre später angenommen, als ich auch schon andere Vampyre „live" getroffen hatte und mir insgesamt sicher sein konnte, dass das nicht nur eine Phase war.

Angefangen Blut zu trinken habe ich mit vierzehn oder fünfzehn. Das war auch zuerst bei mir selber. Ich hatte früher ziemliche Angst vor Schmerzen und konnte mich überhaupt nicht überwinden, mich selbst zu schneiden und zu trinken. Als dann diese Hemmschwelle mal überwunden war, habe ich mich da teilweise in jeder Schulpause geschnitten, wirklich zehnmal am Tag. Ich habe mich aber auch nicht getraut, tief zu schneiden, darum kam immer wenig raus.

Mark: Erinnerst Du Dich noch an die Überwindung zum ersten Schnitt?

Fallen: Ich wollte das ewig mal machen. Ab und zu hatte ich so Anwandlungen, zum Beispiel, als ich zwölf war, das war irgendwie nachts, und ich hab gemerkt, ich will jetzt Blut. Ich hab mich aber nicht getraut, mich zu verletzen.

Mark: Was würdest Du sagen, war das besonders Interessante daran? Der Anblick oder der Geschmack?

Fallen: Das war irgendwie so ein kleiner Kick, fast so ein Rauschzustand. Für einen Moment hat sich alles darauf konzentriert, wie eine Droge.

Mark: Ist es eine Energiezufuhr gewesen?

Fallen: Ich weiß nicht. Ich habe das damals nicht wirklich über Energie erklärt, glaub ich.

Mark: Aber du hast ja gesagt, es war ein Kick. Wie war das Gefühl vorher, währenddessen und nachher?

Fallen: Das ist schwer zu beschreiben. Das hebt einen irgendwie gleich auf ein anderes Level. Es ist wie, wenn man die ganze Zeit in einem total stickigen Raum war und dann rausgeht und einem weht frischer Wind ins Gesicht. So in der Art.

Lydia: Und das Gefühl ist vorher schlecht? Oder ist es neutral und wird nur sehr viel besser?

Markus: Das ist eigentlich unerheblich. Da es für uns der Normalzustand ist, können wir nur schwer beurteilen, wie das Gefühl im Vergleich zu einem anderen Menschen zu definieren ist. Aber vielleicht kann man es damit vergleichen, eine Zigarette rauchen zu wollen. Daher denke ich schon, dass wir normalerweise mit einem negativen Gefühl belastet sind, das durch sein Verschwinden einen neutralen Zustand bewirkt.

Fallen: Es ist einfach so eine innere Anspannung. Danach kommt man in den Normalzustand. Es wird besser, weil die Spannung aufhört.
Beim eigenen Blut war das ein bisschen komisch: Die Wirkung hat schnell nachgelassen.

Markus: Wenn man das eigene Blut trinkt, wird es eigentlich nur direkt beim Akt des Trinkens erträglicher, weil man wenigstens das Gefühl hat, etwas trinken zu können. Aber es ist, als würde man ein zur Hälfte geleertes Glas nehmen, es auskippen und den Inhalt mit demselben Glas wieder auffangen. Das Gefühl kehrt relativ schnell zum vorherigen Zustand zurück. Ich würde sogar behaupten, dass bei diesem Prozedere eher etwas verloren geht, als dass man dabei einen Gewinn verbuchen kann. Daher verzichte ich auch in den größten Durstphasen darauf, mein eigenes Blut zu trinken.

Fallen: Es ist, als würde man Wasser trinken, obwohl man eigentlich Hunger hat. Man hat dabei anfangs das Gefühl, der Hunger ist weg, weil man so viel Wasser getrunken hat, aber dann merkt man den Hunger doch wieder.

ANDERS SEIN

Mark: Erzähl doch mal, wie das Awakening bei Dir abgelaufen ist.

Markus: Meine Phase der Selbstfindung hat relativ früh stattgefunden, und zwar etwa im Alter von vierzehn Jahren. Die genauen Umstände sind allerdings in der kurzen Zeit nur schwer zu erörtern, die uns in diesem Gespräch noch bleibt.

Ich hatte bereits vorher bemerkt, dass mit mir etwas nicht ganz stimmen konnte. Irgendetwas an mir war anders. Irgendetwas unterschied mich von den Kindern meines Alters. Ich hatte beispielsweise schon sehr lange eine große Affinität für Blut. Ich mochte schon immer sein Aussehen, seine Farbe, seinen Geruch... und den Geschmack empfand ich auch nie als abstoßend, wenn ich einmal an die spärlichen Gelegenheiten zurückdenke, in denen ein Kind Blut schmecken muss bzw. kann.

In meiner Pubertät musste ich schließlich feststellen, dass ich das Sonnenlicht zunehmend schlechter vertrug, weil es auf der Haut brannte und mir in den Augen stach. Mit einer Sonnenbrille wurde es erträglicher, aber ich musste mich notgedrungen noch mehr in die Nacht zurückziehen, in der ich ohnehin schon heimisch war, weil ich seit frühester Kindheit mit einer Schlafrhythmusstörung zu kämpfen hatte, die mich daran hinderte, nachts zu schlafen, wohingegen ich tagsüber immer müde wurde.

Selbstverständlich ist es schier unmöglich, dass ein Jugendlicher in der heutigen Zeit nicht irgendwann auch auf die eine oder andere Weise mit dem Vampirmythos konfrontiert wird und ich kam dabei nicht umhin, die Parallelen zwischen den Eigenschaften dieser fiktiven Kreaturen und mir selbst zu bemerken. So kam es dazu, dass ich – bevor ich überhaupt ahnte, dass es Menschen gab, denen es genauso erging wie mir; bevor ich also wusste, dass es die Subkultur gab – mich selbst als Vampir definierte. Damals noch mit der „i-Schreibweise", weil mir die Schreibweise mit „y" und die damit verbundenen Unterschiede natürlich nicht geläufig waren.

Zu dieser Zeit begann auch die Phase, in der ich anfing mich selbst zu verlieren, weil ich weder auf Erfahrungen noch auf sonstige Informationen von „älteren" Vampyren zurückgreifen konnte.

Man stelle sich also einmal die Situation vor, in der sich ein Junge von vierzehn Jahren befindet, wenn er feststellen muss, dass er mehr mit Vampiren – also Ungeheuern – gemein hat, als mit seinen Mitmenschen.

Letztendlich führte es dazu, dass ich mich zunehmend für Vampire interessierte, um die neu gewonnenen Erkenntnisse weiter zu verfolgen.

Im Laufe der Zeit lernte ich dadurch die spätere feste Besetzung des *Nexus Noctis* kennen, bevor es *Nexus Noctis* überhaupt gab.

Ab diesem Zeitpunkt verbesserte sich auch meine soziale Kompetenz, sogar bis zu einem Punkt, an dem ich eine Lebenspartnerin fand, die mit dem Thema nie zu tun hatte. Aus einer Phase des Selbsthasses heraus versuchte ich sogar, ein gesellschaftsgerechtes Leben zu führen und die Beeinträchtigungen, die mir mit auf den Weg gegeben wurden, zu ignorieren, soweit es eben möglich war. Ich wollte nur noch normal sein, und erkannte, dass ein Leben als Vampyr mehr Nachteile mit sich bringt, als dass es auf irgend eine Weise hilfreich wäre.

Lydia: Vielleicht auch, weil du relativ stark in dieser Vampyr-Welt drin warst und es dann auch stärker wieder von Dir weggestoßen hast?

Markus: Es lag wohl eher an meiner Freundin, der ich ein normales Leben bieten wollte und nicht nur ein Leben in der Isolation der Nacht, ein Leben ohne Sonne und so weiter. Ich bin für meine Partnerin zu vielen Opfern bereit und habe vor allem auch in ihrem Interesse versucht normal zu werden. Das ist allerdings kläglich gescheitert.

Ich wurde nach einer Weile depressiv, und nachdem unsere Beziehung an verschiedenen Faktoren scheiterte und ich keinen guten Grund mehr hatte, meine „wahre Natur" zu verleugnen, fand ich in den *Nexus* zurück. Seitdem geht es mir wieder ganz gut. Ich glaube, ich weiß, wie ich leben muss, um glücklich zu werden. Ich komme gut in der Gesellschaft zurecht und ich wüsste nicht, warum ich das jetzt noch einmal ändern sollte.

Mark: Das wäre schon ein sehr schöner Schlusssatz. Würde abschließend noch jemand von seinem *Awakening* berichten?

Jeanette: Ich weiß nicht mehr genau, wann mein Erwachen war, da ich kein Tagebuch geführt habe. Ich schätze, dass es mit dreizehn oder vierzehn damit anfing, dass ich Blut als etwas sehr Anziehendes empfunden habe. Mich reizte die Vorstellung eine Verbindung zu jemandem durch das Trinken seines Blutes zu haben, wobei aber keine sexuellen Phantasien im Spiel waren.

Mark: Hat es für Dich eine Energiekomponente? Einen Kick-Effekt?

Jeanette: Ja, definitiv. Ich fühle mich dann besser. Ich bin zwar nicht von der Vorstellung überzeugt, was die Übertragung von Lebensenergie durch Blut betrifft, aber ich kann es trotzdem nicht anders erklären und halte es daher für die bisher einleuchtendste Theorie.

Marvin: Als ich das erste Mal willentlich von jemandem getrunken habe, hat mich der Effekt vollkommen umgehauen.

Ich habe plötzlich nur noch meinen Spender, das Blut und mich selbst wahrgenommen.

Alles andere war wie weggeblasen. Und ein Gefühl als würde flüssige Elektrizität durch deinen Körper strömen.

Markus: Ich glaube, dass das Erleben in unserer kleinen Runde bei allen relativ ähnlich ist.

Marvin: Danach folgt diese extreme Entspannungsphase.

Mark: Gibt es irgendeine Droge, mit der man das vergleichen kann?

Fallen: Manche vergleichen es mit Kokain.

Markus: Es ist vergleichbar mit Sex.

Marvin: Ich finde, es ist ein Stück weit, als wenn man richtig hart gearbeitet hat und dann sein Lieblingsgetränk trinkt, das einem Erfrischung bringt und man dann erstmal so richtig in die Entspannung fällt.

Mark: Wenn ihr das jetzt mal verbindet: das Gefühl von Orgasmus verglichen mit der Entspannung, den Höhepunkten und dem Bluttrinken...

Markus: Ich denke, dass das möglich ist. Wenn man den Akt des Bluttrinkens als „Orgasmus" gelten lassen möchte und die darauf folgende Entspannungsphase hinzuzieht, lässt es sich wohl vergleichen.

Mark: Wie sieht es außerhalb der Beziehung mit den Donoren aus?

Markus: Ich wüsste nicht, warum das auf meine Beziehung irgendwelche Einflüsse haben sollte. Ich hatte immerhin auch schon männliche Spender, habe allerdings überhaupt keine homosexuellen Neigungen.

Jeanette: Ich habe gerade wegen der Distanz zum Sexuellen auch lieber Frauen als Spender.

Fallen: Das passiert mir auch sehr schnell, dass sich der Spender in mich verliebt.

Jeanette: Bei meiner letzten Spenderin hatte ich Probleme, weil sie starke Gefühle für mich entwickelt hat. Ich habe ihr sehr weh getan, weil ich ihr sagen musste, dass es für mich nichts auf der emotionalen Ebene ist.

Aber ich glaube, das Problem ist, dass es trotz allem sehr intim bleibt und dass manche...

Markus: ...für eine platonische Beziehung dieser Art einfach nicht den richtigen Biss haben.

Nexus Noctis ist ein gemeinsames Projekt von Jeanette und Markus, das Vampyren als Kontakt-, Austausch- und Informationsplattform dient. Fallen und Marvin sind zwei Mitglieder dieser Vereinigung, die bereits jahrelang aktiv sind und dem festen Kern der Gemeinschaft angehören.

Beim Gespräch waren weitere Personen anwesend, deren Äußerungen wir zuliebe einer thematischen Eingrenzung hier nicht aufgenommen haben.

Das Interview wurde von allen Beteiligten durchgesehen und autorisiert.

Lydia Benecke

Vampire in Polen

EINLEITUNG

In „Vampire unter uns! Rh.pos." war unter anderem von den Vampirtouristen in Transsilvanien die Rede – angefangen von der ältesten Vampirtouristin Jeanne Youngson aus Manhattan, die mit dem Geld Ihres Oscar-gekrönten Gatten die Fremde erkundete, bis zum Tod des Chefs der *Transylvanian Society of Dracula*, die aus einer eigentümlichen Flause des rumänischen Tourismusministeriums entstanden war und deren Präsident nun ich bin. Die meisten Menschen suchen in Rumänien allerdings etwas, das entweder die Kommunisten als anglo-amerikanischen Dracula-Unsinn aus der Kultur gesperrt hatten oder aber das, was von der dortigen Bevölkerung fast nie berichtet wurde: Den drei Frauen (Yelle), deren gruseliger Gesang sich wie ein knacksendes Radio anhört und die Geigenspielern verbotene Melodien beibringen und (sogar in der offiziell erlaubten Literatur) den Krug Alexanders des Großen samt des darin befindlichen Wassers zum Ewigen Leben beim Faxenmachen unwiederbringlich umstoßen.

Es gibt auch sehr wohl nachzehrende, untote Strigoi mit bösem Blick und viele andere Figuren, die im Reich des örtlichen Aberglaubens regieren. Nur kam jahrzehntelang niemandem in den Sinn, dass das irgendetwas mit Blut saugenden Vampiren zu tun haben könnte... weder den touristisch Suchenden noch den dörflichen Gläubigen.

Während unserer aktuellen Nachforschungen in Osteuropa stoßen wir nun auf eine weitere, ähnliche Erscheinung. Obwohl alle befragten

Personen – egal, ob aufgeklärt, konservativ oder atheistisch – zunächst einmal abwinkten, puzzelten wir aus den Brosamen, die nach hartnäckigem Fragen dann doch abfielen, ein interessates Bild darüber zusammen, wie sich in einem wie Rumänien ebenfalls aus sehr verschiedenen Regionen zusammengesetztes Land sehr wohl splitterhafte Vorstellungen aus der Vergangenheit darüber halten, was eine hungrige Seele so alles anstellen kann.

M.B.

Polnische Vampire

Als meine Großmutter ein Kind war, gab es in Piekary Śląskie, dem kleinen Marienwallfahrtsort, in dem sie aufwuchs, eine Vampirin. Ein mageres Mädchen mit blasser Haut und bläulichen Lippen, die kaum ihr Elternhaus verließ. Oft stand sie vor dem Haus und schaute traurig den Leuten nach, die die Straße entlang gingen. Die anderen Kinder beschimpften sie als „Zmora". Man glaubte, ihre Seele könne nachts durch Schlüssellöcher in die Häuser eindringen und Schlafende schwächen, in dem sie ihnen das Blut aussauge und ihnen die Luft abschnüre.

Im Alter von siebzehn Jahren starb das Mädchen. Die einen sagten, sie sei an einer langen und schweren Blut-Erkrankung gestorben und man habe ihr Unrecht getan. Viele andere meinten, die Seele der Zmora würde weiter ihr Unwesen treiben.

Das Wort Vampir wurde für diese slawische Sagengestalt nicht verwendet, obwohl die Beschreibung einer Zmora deutlich an westliche Vorstellungen von Vampiren erinnert. Ihre wesentliche Eigenschaft ist die Energiearmut, die sie über das Entziehen der Energie in Form von Blut schlafender Menschen auszugleichen versucht. Wenn ein Mensch morgens erschöpft und mit Nackenschmerzen erwachte, so ging er davon aus, von einer Zmora heimgesucht worden zu sein.

Eine andere Bezeichnung für diese Gestalt ist „Nocna Mara", was die polnische Entsprechung des altdeutschen Wortes „Nachtmahr" oder „Nachtalb" ist. Nachtmahre sind Gestalten, die in den Sagen aller europäischen Länder schon lange vor der Verbreitung des Christentums bekannt waren. Heftige Alpträume wurden als Angriffe solcher Wesen gesehen. Je nach Land und Zeit unterschieden sie sich in ihrem Aussehen und ihren übernatürlichen Fähigkeiten.

Woran man einen polnischen Vampir erkennt und wie man sich vor ihm schützt

Im polnischen Volksglauben ist die Zmora die Seele eines verstorbenen oder noch lebenden Menschen. Bei letzterem verlässt die Seele den Körper der Person, während diese schläft. Dies kann sogar passieren, ohne dass sich der betreffende Mensch tagsüber darüber bewusst ist, eine Zmora zu sein.

Die Zmora setzt sich auf die Brust eines schlafenden Menschen und drückt mit ihren Knien so fest auf den Brustkorb, dass das Opfer glaubt, zu ersticken und einen unangenehmen Druck im Kopf spürt. Das Opfer bekommt Schweißausbrüche, stöhnt und wälzt sich im Bett. An das Blut gelangt die Zmora, indem ihr Opfer beginnt, aus der Nase zu bluten. Geschieht dies nicht, so durchsticht sie mit ihren scharfen Zähnen eine Ader am Hals oder der Schläfe des Opfers und saugt sein Blut.

Normaler Weise tötet eine Zmora ihr Opfer nicht, sondern schwächt es nur spürbar. Der Angriff einer Zmora, die lange kein Opfer finden konnte und somit sehr viel Energie braucht, kann aber auch tödlich enden. Dem bösen Wirken der Zmora wurden auch erkrankte und geschwächte Tiere zugeschrieben, die ihr ebenfalls als Nahrungsquellen dienen.

Erwacht das Opfer, so verschwindet die Zmora augenblicklich. Möchte man verhindern, dass sie künftig wiederkommt, so soll der Erwachende zu ihr sagen: „Komm morgen früh zu mir, dann gebe ich dir Brot mit Salz". In anderen Versionen bietet man ihr Brot mit Butter an. Am nächsten Tag soll man der Person, die als erste zu Besuch kommt, das versprochene Brot geben und die Zmora kehr nicht mehr in dieses Haus zurück.

Entdeckt man einen sich im Schlaf wälzenden, scheinbar von einer Zmora gepeinigten Menschen, so kann man ihn von ihr befreien, indem man sich mit einer Flasche in der rechten Hand dem schlafenden Opfer nähert und mit der linken Hand von Kopf bis Fuß eine Streichbewegung über dem Körper macht. So wird die Zmora in die Flasche gefegt, die man schnell verschließt. Um sie endgültig zu vertreiben, muss die Flasche ins Feuer oder Wasser geworfen werden, wo man ihre grellen Schreie aus der Flasche heraus hören kann.

Will man dem Besuch einer Zmora im nächtlichen Schlafzimmer vorbeugen, so kann man sich mit dem Kopf am Fußende und den Füßen auf dem Kopfkissen zur Ruhe betten. Dies hat mir noch meine Mutter als Mittel gegen Alpträume in meiner Kindheit empfohlen. Auch das Stellen eines Besens mit den Borsten nach oben in eine Ecke des Schlafzimmers soll eine Zmora abschrecken.

Obwohl früher jeder Pole wusste, was eine Zmora war, erwies es sich als schwierig, sie zu erkennen. In ihrer klassischen Gestalt erscheint die Zmora als hochgewachsene Frau, durch deren Körper das Mondlicht scheint. Sie kann allerdings ihre Gestalt verändern und als Maus, Katze, Hund, Steinmarder oder Frosch erscheinen, ebenso wie als Nadel oder Strohhalm. Körperliche Merkmale wie zusammengewachsene Augenbrauen oder zwei verschiedenfarbige Augen gelten auch als Anzeichen dafür, dass eine Person eine Zmora ist.

Wie man in Polen zum Vampir wurde und was der katholische Glaube damit zu tun hat

Der in Polen teilweise bis heute verbreitete starke Hang zum Aberglauben ist untrennbar mit dem katholischen Glauben verbunden. Fast neunzig Prozent der Polen sind römisch-katholisch. Die Messen sind im Vergleich zu Deutschland extrem gut besucht und beeinflussen besonders die Landbevölkerung in ihrer Lebensgestaltung und politischen Einstellungen.

Auch die Zmora ist ein von katholischem Aberglauben stark geprägtes Wesen. Sündige Menschen, besonders solche, die ohne Beichte versterben aber auch Menschen, die vor ihrem Tod irgendwie geschädigt oder sogar verflucht wurden, können zu einer Zmora werden. Oft sagte man der siebten Tochter einer Familie nach, eine Zmora zu sein, da die Zahlen Sieben wie auch die Dreizehn im Aberglauben eine magisch besetzte Zahl ist.

Fehler bei katholischen Ritualen können – so sagt der Volksmund – ebenfalls die Verwandlung einer Menschenseele in eine Zmora bewirken. Typische Beispiele sind das falsche Aussprechen des Namens eines Kindes bei seiner Taufe, ein falsch ausgesprochenes Gebet bei der Taufe oder am Sterbebett. So konnte bei einem der verbreitetsten katholischen Gebete der Ausdruck „Zdrowaś Mario", was „Gegrüßt seiest du Maria" bedeutet, durch einen unachtsamen Versprecher zu „Zmoras Mario", also „Eine Zmora seiest du Maria", werden.

Aberglaube, Skeptiker und eine nicht-vampirische Bluttrinkerin

Die Zmora ist die bekannteste von vielen Gestalten des polnischen Volksglaubens, der noch in den 1930er-Jahren weit verbreitet war. Meine Großmutter erzählte oft von den gruseligen Geschichten, die sich die Menschen ihrer Stadt damals erzählten. Man glaubte, nachts würden auf den Friedhöfen Geistererscheinungen ihr Unwesen treiben und Männer, die im Dunkeln einen Friedhof als Abkürzung nach Hause benutzen wollten, fast zu Tode erschreckten. Auch sprach man davon, dass man manchmal um Mitternacht geisterhafte Lichter hinter den Kirchenfenstern sehen konnte, als hielten Tote eine nächtliche Messe ab.

Der Umgang der Bevölkerung mit solchen Geschichten begann schon damals von zweifelnden Stimmen in Frage gestellt zu werden.

Meine Urgroßmutter beispielsweise war eine eher skeptische und bodenständige Frau. Wenn ihr Mann manchmal betrunken heim kam und von geisterhaften Erscheinungen auf dem Friedhof berichtete, so lachte sie ihn aus und sagte, er würde keine Geister sehen, wenn er nicht zu viel getrunken hätte. Ihr Motto war: „Man muss sich nicht vor toten Menschen fürchten, sondern nur vor Lebenden". Kein Wunder, wenn man bedenkt, dass sie sehr gerne las und ihre Lieblingslektüre aus Gruselromanen und Geschichten über echte Kriminalfälle bestand – Interessengebiete, wegen derer ich mich mit ihr verbunden fühle. Manche der gelesenen Geschichten erzählte sie ihren Kindern. So bekam auch ich über meine Großmutter das ein oder andere osteuropäische Schauermärchen zu hören.

Besonders faszinierte mich schon immer die von meiner Großmutter oft erzählte Geschichte über die Blutgräfin, die mithilfe ihres kleinwüchsigen Dieners Fitzko Jungfrauen entführen ließ, um in ihrem Blut zu baden, in der Hoffnung, sich dadurch zu verjüngen. Erst Jahre, nachdem ich sie zum ersten Mal von meiner Großmutter hörte, fand ich heraus, dass es sich hierbei um die Geschichte der ungarischen Gräfin und Nichte des damaligen polnischen Königs, Elisabeth Bathory, handelt. Diese historische Gestalt inspiriert bis heute westliche Vampirromane und -filme. Von ihr behauptete allerdings niemand in Polen, eine Zmora gewesen zu sein. Allgemein galt sie als bösartige, aber doch zutiefst menschliche, psychisch verwirrte Serienmörderin.

In meiner Kindheit wuchs ich mit sehr verschiedenen Formen des polnischen, katholisch gefärbten Aberglaubens auf, den besonders meine Großmutter voller Überzeugung vertrat. So hieß es, man dürfe niemals mit einer Gabel in ein Brot stechen, da dieses den Leib Jesu symbolisiere, den man hierdurch verletze. Das leuchtete mit nie ein, da man Brot schließlich auch mit Messern schneidet. Ebenso absurd fand ich es, wenn meine Großmutter mich immer wieder ermahnte, wenn ich pfeifend durch die Wohnung ging. Sie sagte, die Mutter Maria würde im Himmel weinen, wenn ein Mädchen pfeift. Dies fand ich schon als Kind total abwegig. Ich dachte – und sagte es zum Entsetzen meiner Großmutter auch –, dass es so viel Leid auf der Welt gibt, so dass Maria ziemlich einfältig sein müsste, nicht über wirkliches Leid, sondern über das Pfeifen von Mädchen zu weinen.

Wie ich schon früh lernte, kommt es im Aberglauben eben auf die Symbolik und nicht auf Logik an. So war der Tisch als Ort für das von Gott gesegnete tägliche Essen ein besonders stark rituell belegter Platz. Es galt als Unglück bringend, Schuhe auf den Tisch zu stellen oder ein Brot mit der runden (Ober-)Seite nach unten auf den Tisch zu legen. Diese von abergläubischen Ritualen geprägte Atmosphäre ist auch an mir, obwohl ich in Deutschland aufwuchs, nicht spurlos vorübergegangen. Obwohl ich inzwischen Atheistin und Mitglied der *Gesellschaft zur wissenschaftlichen Untersuchung von Parawissenschaften* bin, ergreift mich bis heute ein spontanes Unbehagen, wenn mein Gatte frisch eingecremte Schuhe auf dem Küchentisch zum Trocknen abstellt.

Das beste Mittel gegen beängstigende Nachtgestalten

Als Psychologin weiß ich, dass von abergläubischen Empfindungen fast niemand völlig frei ist. Eine beliebte Methode, dies Psychologiestudenten zu vermitteln ist, sie während einer Vorlesung als kleines Experiment aufzufordern, an eine Person zu denken, die ihnen ganz besonders wichtig ist. Die meisten Menschen denken dabei an Familienangehörige oder ihren Beziehungspartner. Dann werden die Studenten aufgefordert auf einen Zettel aufzuschreiben: „Ich will, dass (NAME DER PERSON) heute stirbt.". Bittet man nach einer halben Minute alle Studenten, die den Satz vollständig aufgeschrieben haben, die Hand zu heben, bleibt die Mehrzahl der Hände unten. Die meisten Menschen bekommen bei der Vorstellung, so etwas zu schreiben, ein ungutes Gefühl. Fragt man die Studenten, die den Satz nicht aufschrieben, warum sie es nicht getan haben, so ist eine typische Antwort: „Ich bin gar kein abergläubischer Mensch. Aber wenn dieser mir wichtigen Person heute zufällig etwas Schlimmes passieren würde, dann würde ich für immer das Gefühl haben, es könnte mit dem Zettel zu tun haben".

Während der Entwicklungsgeschichte der Menschheit hat es sich bewährt, dass das menschliche Gehirn sehr schnell mögliche Zusammenhänge erkennt, um bei Gefahr besonders schnell mit Flucht oder Kampf reagieren zu können. So werden aber auch Dinge, die nachweislich nicht zusammenhängen, spontan sowohl im Gefühlsleben als auch in der Wahrnehmung als zusammenhängend eingestuft. Auf den vampirischen Volksglauben bezogen bedeutet dies, dass ein durch einen heftigen Alptraum belasteter Mensch, eventuell sogar begleitet von der Unfähigkeit, sich beim Aufwachen zu bewegen, nach Ursachen für sein Erlebnis suchte.

Heutzutage kann man den Zustand von Bewegungsunfähigkeit beim Aufwachen gut wissenschaftlich erklären. Es handelt sich dabei um die sogenannte Schlafstarre. Unser Gehirn lähmt Muskelbewegungen während wir träumen. Wäre es nicht so, dann würden wir alle Bewegungen, die wir im Traum machen, mit unserem Körper ausführen und uns dabei verletzen. Manchmal schaltet das Gehirn diese Funktion aber nicht rechtzeitig ab, bevor ein Mensch erwacht. Dann kann es sein, dass man bis zu zwei Minuten ohne die Möglichkeit, sich zu bewegen in einem Zustand zwischen Wachsein und Traum liegt. Das fühlt sich für viele Menschen sehr beängstigend an und kann regelrechte Panikattacken auslösen.

Für einen Mensch, der in einer von Volksglauben geprägten Zeit aufwuchs und niemals wissenschaftliche Erklärungen für solch beängstigenden Erfahrungen zu hören bekamen, war der scheinbare Angriff einer Zmora eine logisch wirkende Erklärung für sein Erlebnis. So hatte man direkt auch einen Sündenbock, beispielsweise einen verstorbenen oder einfach ungeliebten Nachbarn oder – wie im von meiner Großmutter berichteten Fall – das blasse, kränkliche Mädchen ein paar Häuser weiter.

Mein Fazit: Die auf guter Bildung basierende Suche nach rationalen Erklärungen, die sich mit wissenschaftlichen Methoden prüfen lassen, ist das beste Mittel zur Vertreibung von allerlei beängstigenden Spukgestalten und menschliches Unwissen ausnehmendem Hokuspokus (wie beispielsweise Geisterglauben, Astrologie und Homöopathie).

Selbstdarstellungen von Vampyren

Die folgenden Texte stammen von den zwei Mitgliedern Markus und Dominik des *Nexus Noctis*. Es handelt sich teils um E-mails an den Autor (M.B.), teils um Foren-Einträge.

Sonne und Vampirfreunde

von Dominik

Das bei Sonne einpennen kenne ich. Bei mir ergibt es sich aber daraus, dass ich bei Sonne (und wie weiter unten mit dem anderen „Lichtkram" beschrieben) innerlich positiv aufblühe und mich sehr gut entspannen kann. Wenn ich dann noch an einer Stelle bin (beispielsweise Wald und Wiesen), wo ich zur Ruhe kommen kann und nicht in einem fortlaufenden Trab aus Aktivitäten bin, dann schlafe ich dort auch sehr gerne und gut ein. Immerhin gibt das eine ordentliche Serotonin-Ausschüttung, und das ist besser als jede Droge die ich mir vorstellen könnte.

Wie bereits erwähnt, genieße ich Sonnenlicht und sauge es (meiner Empfindung nach) wie ein Schwamm auf. Aber das gilt nicht nur für Sonnenlicht. Ich habe generell gemerkt, dass viel Licht und zum Ambiente passendes Licht in Locations oder entsprechend starkes Licht, das gut mit der Musik harmoniert (in Großraumdiskos mit entsprechenden Anlagen) meine Stimmung immer schlagartig ansteigen lässt und ich mich auf einmal wieder sehr wohl fühle.

Zwanghaftigkeit und Vampirfreunde

von Dominik

Ja, ich würde durchaus behaupten, dass es diverse Stellen gibt, an denen ich regelrecht zwanghaft bin – das gilt bei mir jedoch viel weniger bei Bildersammlungen als bei der Vollständigkeit einer Datensammlung und meinem fast schon fanatischen Drang nach Perfektionismus *lach*. Bestes Beispiel hierfür ist eine „kleine" Datenbank, welche ich derzeit für eines meiner Projekte aufbaue.[1]

Ein Bestandteil dieser Datenbank ist eine möglichst ausführliche und vollständige Systematik der Lebewesen. Als Grundlage verwende ich an dieser Stelle zuerst einmal die auf Wikipedia aufgestellte (nicht mal ansatzweise vollständige) Systematik der Lebewesen, wofür ich mir eigens einen Crawler (Scanner & Downloader) geschrieben hatte. Ergebnis: Ca. 25.000 Kategorien und Lebewesen. Dass diese Datenbank an der Stelle völlig unvollständig ist, brauche ich wohl kaum zu erwähnen ;-).

Als nächstes läuft ein zweiter Crawler über das System welcher mit semantischer Analyse und automatischer Glaubwürdigkeitseinstufung arbeitet, um aus den jeweiligen Artikeln der 25.000 verlinkten Seiten weitere Arten und Unterarten zu ermitteln. Da Wikipedia allerdings von zu vielen verschiedenen Menschen geschrieben wird macht es das arg kompliziert auch wirklich alle Variationen zu finden. Die neu gefundenen Kategorien und Arten werden dann ebenfalls runter geladen und das Spielchen mit dem zweiten Crawler geht von vorne los – solange, bis ich durch Wikipedia Deutschland kein Input mehr bekomme.

---

[1] Ein klassisches Vampir-Motiv: Vampire können nicht weiter gehen, wenn man Reis, ein Fischernetz o.ä. vor sie hinwirft, da sie aus einem Zwang heraus die Reiskörner, die Knoten usw. zählen müssen. Anm. M.B.

Da die Datenbank dann aber immer noch nicht vollständig und möglichst korrekt in den Angaben ist, greife ich auf zwei weitere, offene (bzw. die zweite teils offen) Datenbanken zurück, welche ich durch ein weiteres Script analysiere und synchronisiere. Die erste Datenbank kommt aus dem Tree-of-Life Project, die zweite aus dem „Global biodiversity information facility" wo ich mir dann auch direkt so viele Geokoordinaten von Sichtungen wie eben nur möglich zusammen sammele.

Dasselbe Spielchen betreibe ich derzeit parallel mit Orts- und Städtenamen der gesamten Welt, deren zugehörigen Geokoordinaten, topografischen Daten sowie der Sammlung detaillierter Wetterdaten aus einem Durchschnitt der letzten 20 Jahre für jeden dieser Orte.

Warum habe ich dies nun so ausführlich beschrieben? Weil mir so im Moment immer mal wieder auffällt, dass ich für den Start des eigentlichen Projektes eigentlich gar nicht so viele Daten mit derartiger Detailtiefe brauchen würde, wie ich sie derzeit sammle. Trotzdem kann ich nicht aufhören damit und sammele immer weiter und schau' mir auch diverse Dinge der erhaltenen Daten selber an, um damit mein Allgemeinwissen zu steigern. Schon irgendwie verrückt, oder?

By the way: Meine gesamte Datenbank mit sämtlichen Orts- und Städtenamen, der Systematik der Lebewesen, topografischen Daten, Geokoordinaten, Klimabedingungen und -Werten, Flüssen, Bergen etc. umfasst derzeit bereits knappe 350 GB und mehrere Milliarden Datensätze... gar nicht übertrieben und dennoch nicht mal vollständig *lach* – ich kann einfach nicht anders als weitersammeln.

Wie man sieht ist dies bei mir halt das Problem, dass ich mich meist durch solche Geschichten o.ä. selber aufhalte ... auch wenn es z.B. um Ideenfindung geht:

Ich habe eine Idee die es zu realisieren gilt - also fange ich an zu planen und denke direkt auf einem breiten Horizont darüber nach anstatt mich nur auf einen Bereich zu fokussieren was zeitlich enorm aufhält... dadurch bin ich zwar im Stande ein Möglichst optimiertes Projekt zu entwerfen, dass mit weniger Performance-Lücken ineinander greift, habe aber zugleich das Problem das die Planung sich sehr lange hinzieht und ich dazu neige mich an den falschen Ecken zu verzetteln.[2] Ein Vorteil den das ganze dann doch mit sich bringt ist, wenn es in einer Software eines meiner Projekte z.b. zu Fehlern kommt .... meist kenne ich jede Software (und diese sind nicht gerade klein und einfach sondern teils extrem komplex) komplett in und- auswendig. Ich lokalisiere bei logischen Fehlern die nach bestimmten Mustern auftauchen binnen wenigen Minuten die genaue Code-Datei und Zeile, ohne dass ich am PC sitze.

Anschließend gehe ich das gesamte Projekt und alles, was den Inhalt dieser Zeile beeinflusst, durch und spiele Testszenarien, die ich mir im Kopf aufstelle, durch und prüfe, wo der Fehler ausgelöst worden sein kann und wo ich eventuell noch absichern müsste. Wenn mehrere Fehler auftreten, prüfe ich (ebenfalls meist im Kopf), inwieweit diese zusammenhängen können.

Meine Erfahrung ist einfach, dass ich im Kopf schneller bin, als wenn ich mir jede Datei neu angucken muss und ich nur eine „grobe" Ahnung hätte.

Vorteil: Meine Ideen oder Lösungen bei Problemen sind meist sehr gut durchdacht und können danach sauber konstruiert oder behoben werden, ohne dass ich mir selber durch die Konstruktion oder der Fehlerbehebung zwischen den Beinen stehe.

Nachteil: Ich brauche dadurch, dass ich die Dinge nicht Step-by-Step angehe, ein wenig länger, bis man mit der Umsetzung oder der Behebung anfangen kann. Vor allem je komplexer eine Sache ist, desto häufiger verheddere ich mich mal. Ich merke es aber meist schnell und korrigiere es.

---

[2] Vgl. S. 62ff., Probleme der Dissoziation, Anm. M.B.

Lycanthropie und Vampyrismus

von Myristica und Dominik

Dominik: Ich bin kein Vampyr, sondern ein Lycanthrop (*fragt sich gerade, ob er das bereits erwähnt hatte*)?!? ;-) Doch was macht einen Lycanthropen aus? Was sind deren Charakteristika?

Ich muss direkt vorweg sagen, dass es mit einer kurzen Beschreibung nicht getan ist, man aber grob das Ganze durchaus umreißen kann.

Zuerst einmal an dieser Stelle die Frage, wer schon von dem Begriff des Seelen- oder Krafttieres gehört hat? Die meisten Lycanthropen haben einen Wolf als Seelen- / Krafttier. Therianthropen hingegen haben andere Tiere, die an Stelle treten. Bis zu diesem Zeitpunkt könnte man noch die Frage stellen, ob dann nicht theoretisch gesehen jeder Mensch ein Lycanthrop oder Therianthrop ist, da jeder Mensch eigentlich ein Seelentier hat, auch wenn er sich dessen nicht bewusst ist.

Nun, im Falle der Lycanthropen und Therianthropen handelt es sich nicht nur um ein simples Seelen- / Krafttier. Bei Lycanthropen und Therianthropen findet hier häufig eine unbewusste Reflektion der Charakterzüge der jeweiligen Tiere statt und es ist ebenfalls eine extreme Bindung zu der „eigenen" Tierart zu spüren, teils sogar das Verlangen danach, sich mit diesen Tieren zu umgeben.

Bezüglich der unbewussten Reflektion möchte ich an dieser Stelle einige Beispiele liefern: Dies spiegelt sich beispielsweise in „Dominanzverhalten", Sturheit, der Art wie Konflikte angegangen werden, wie man selber auf „Angriffe" (verbaler oder physischer Natur) reagiert, wie man zu seinen Mitmenschen und seiner Familie steht und noch diversen anderen möglichen Aspekten wie z.B. (was ich sehr interessant fand und echt nicht gedacht hatte, bis ich dieses Muster erkannte) die Ähnlichkeit der Reaktion auf „Stimulierung" bestimmter erogener Zonen oder der Art die Anhänglichkeit zum Partner auszudrücken etc. wieder.

Manche Lycanthropen und Therianthropen fangen zum Zeitpunkt der Erkenntnis (was ebenfalls nur sehr selten der Fall ist und als Grundlage mindestens die Erkenntnis des Seelen- / Krafttieres erfordert, aber dieser nicht zwangsläufig folgt) auch an, sich auch bewusst ein wenig selber zu reflektieren und Übereinstimmungen und Unterschiede zu ihrem Seelentier zu erkennen. Teils passiert es durch diesen „Vorgang", dass man automatisch (ohne, dass es einem bewusst ist) sogar noch einige „Eigenheiten" annimmt oder verstärkt, ohne es zu merken oder gar bewusst provozieren zu wollen. Auch entwickelt sich mit der Erkenntnis binnen kurzer Zeit meist ein anderes Verständnis und eine andere Sicht auf die Welt.

Wie du siehst, ist der Übergang zwischen den einzelnen „Stufen" relativ schwimmend und schwierig zu trennen. Lycanthrop und Therianthrop kann auch jemand sein, der es nicht einmal weiß. Aber man kann es nicht sein, weil man es will. Man merkt es, wenn man sich selber reflektiert und durchweg ehrlich zu sich selbst ist und nicht einfach irgendetwas sein möchte. Zumeist findet man aber auch keinen Begriff für seine „Andersartigkeit", weswegen so viele Menschen die letzte Stufe zur Erkenntnis, dass sie das sind, was sie sind, und das damit verbundene „Verstehen" nicht überwinden können.

Im Bereich der Lycanthropen und Therianthropen gibt es allerdings auch wieder mehrere Stufen oder „Optionen".

So gibt es zum einen diese, welche sich lediglich entsprechend stark mit ihren Tieren identifizieren und eine entsprechende Bindung zu diesen haben.

Im Falle der (Wer-)Wölfe kann noch die Faszination für den Mond hinzukommen, welche sogar bis zu einer Schlaflosigkeit bei Vollmond, verbunden mit einem zu diesem Zeitpunkt immens gesteigerten Aktivitätsdrang führen kann.[3]

---

[3] Im angloamerikanischen Raum sind Vampire und Werwölfe stark vermischt, vgl. z.B. aktuell die *Twilight*- und *Underworld*-Serien.

Eine weitere mögliche Stufe ist das konsequente innere Verlangen und ein Trieb nach der Jagd, der Verzehr und der Genuss von rohem oder sehr englisch zubereiteten Tierfleisch (etwa Rindfleisch / -Steak) – was übrigens häufiger der Fall ist als der Verzehr von rohem Fleisch.

Zu guter Letzt zu diesem Punkt die Frage an den Auszug des Wikipedia-Artikels: Auch wenn es nur im neunzehnten Jahrhundert war: Aber bin ich deswegen geisteskrank, weil ich eine emotionale Bindung und eine Leidenschaft für Wölfe habe und viele meine Charakterzüge auch wenn es den meisten Menschen nicht auffällt, da sie dafür kein Auge haben – denen der Wölfe gleichen? Ich für meinen Teil sehe dies nicht so.

Myristica: Ich habe mal einen Bericht gesehen (fragt nicht, wann und wo, bitte), in dem sich ein Deutscher mittleren Alters in ein Rudel Wölfe „integriert" hat und mit ihnen gemeinsam gelebt hat. In diesem Bericht war seine Liebe und seine Verbundenheit zu diesen Tieren ohne Zweifel spürbar ... kann man dies jetzt auch schon zu einer Lycanthrophie zählen, oder müsste er hierfür auch „Beute reißen" gehen? – Ich nehme nicht an, dass du im Wald auf die Jagd nach Rehen und/oder Hasen gehst, oder?

Dominik: In meinen Augen würde ich dies durchaus schon als eine Form der Lycanthropie ansehen *nickt*.

Nein ich gehe nicht in den Wald, um irgendwelche Tiere zu jagen *lach*, auch wenn ich als Lycanthrop eine andere Einstellung zu Tieren habe als die meisten Vampyre. Dennoch möchte ich nicht, dass ein Tier lange leiden muss.

Für mich ist der Aspekt der Nahrungskette durchaus präsent weswegen ich auch keineswegs zum Vegetarier „mutieren" würde. Mir macht es nichts aus, Milchlamm (so werden Lämmer bezeichnet, die noch so jung sind, dass sie Muttermilch aufnehmen) oder Rehkitz zu essen, wenn ich die Chance habe, mir Fleisch von diesen zu kaufen – nur leider sind diese, wenn sie entsprechend als „Nutztiere" dafür gezogen werden, extrem teuer. In den Wald gehen, um mir davon eins zu schießen / zu jagen, würde ich allerdings nicht.

Myristica: *lach* so ein schönes englisch gebratenes 200-Gramm Rumpsteak könnt' ich mir auch jeden Tag reinpfeifen..

Dominik: Oh ja :-) ... Bei mir ist es halt ab und an auch mal roh, aber häufiger auf meine Art zubereitet. Wenn ich dann damit fertig bin, das Steak zu „kochen", ist es von außen leicht kross und von innen so zart und blutig, dass es regelrecht auf der Zunge zerfällt ;-)

"Früher war ich selbstverliebt – heute weiß ich, dass ich schön bin"

von Myristica, Dominik und Markus

Myristica: Ich denke, es ist eine Frage dessen, wie sehr der Mensch selbst „anders" sein möchte und sich von der Masse „abheben" möchte. – Nicht falsch verstehen bitte!

Dominik: Glaub mir, diese Frage habe auch ich mir mehr als nur einmal gestellt..., denn irgendwo frage ich mich, inwieweit ein Teil von dem, was uns ausmacht, eventuell zusätzlich noch aus dem Unterbewusstsein stammt. Da ich aber keinen Lesezugriff auf die Partition meines Unterbewusstseins habe, konnte ich dazu bislang leider noch keine Antwort finden.

Myristica: Dann verstehe ich nicht, weshalb du in deinem persönlichen Umfeld noch ein „Geheimnis" um die Lycanthropie machst. Wenn du nicht aussprichst, was dir wichtig ist, kannst du den Menschen auch nichts vermitteln. Gut, du kannst es in Foren und Communitys machen, wie du es auch hier gerade tust, auch in der Hoffnung, dass ggf. noch andere Menschen diese Beiträge und deine Statements dazu lesen und sich ihre Gedanken machen, aber wäre es für dich nicht viel schöner, eben diese Toleranz in deinem persönlichen Umfeld zu finden? Hier im Internet berührt es dich ja nicht persönlich, wenn beispielsweise ein Mensch wie ich nun mit anderen Augen auf die Dinge schaut und erkennt, dass es sich nicht um eine Geisteskrankheit oder um einen Fetisch oder Ähnliches handelt...

Dominik: Das ist nicht ganz korrekt: Ich spreche es sogar sehr häufig an oder aus...allerdings nur, wenn ich eine Person besser kenne und für entsprechend vernünftig einschätze und ich mir sicher sein kann, ein ungewolltes Outing oder Bloßstellen vermeiden zu können.

Ich für meinen Teil lege, aus reiner Vorsicht und Skepsis, sehr viel Wert auf eine bewusste Trennung zwischen Realität und Internet. Wenn man bei Google nach meinem richtigen Namen suchen würde, würde man unter Garantie sehr viele Ergebnisse finden, welche auch tatsächlich allevon mir handeln. Jedoch findet man auf diesem Wege keine Informationen zu meinen Eigenarten. Im Umkehrschluss wird auch niemand, dem ich nicht ein gewisses Vertrauen entgegen bringe, von meinen Eigenarten auf meinen richtigen Namen kommen. Von daher habe ich auch kein Problem damit, im Internet öffentlicher zu sprechen als in der Realität. Worauf ich bei einer derartigen Trennung zu achten habe, weiß ich, da ich oft versuche, mehr über eine Person herauszufinden, bevor ich sie real kennen lerne.

Der Hintergrund für diese Vorsicht und „Geheimniskrämerei" ist schlussendlich nur der Aspekt, dass ich mir von niemanden Steine in den Weg legen lassen will, indem er Informationen über mich hat, die bei ihm in falschen Händen sind. Ich entscheide selber, wem ich was sage und anvertraue. Ein Outing ist zwar schön und gut..., aber bei dem, was bislang bereits durch die Medien versaut worden ist, würde es meinen persönlichen Zielen in meinem Leben nur mehr schaden als nutzen, wenn ich das Pech haben sollte, auf Menschen zu stoßen, die nicht verstehen und sich lediglich von den Vorurteilen leiten lassen.

Myristica: Ich selbst bin ein – meiner Meinung nach – sehr toleranter Mensch, der eigentlich zu allem „jeder wie er will" sagt; insofern fordere ich auch ein gewisses (hohes) Maß an Toleranz meiner Person gegenüber.

Dominik: Freut mich, allerdings ist nicht jeder Mensch so. Vielleicht habe ich das Vertrauen in die Menschheit verloren oder auch einfach nur zu viel Mist in meinem Leben gesehen. Aber bei dem, was ich teils mitbekomme, vertraue ich nicht auf die vermeintliche Toleranz der meisten Menschen, bis ich selber spüre, dass sie auch wirklich bei den Leuten vorherrscht. Und das Gespür kann ich nun einmal nur bekommen, wenn man sehr viel schreibt, oder man sich real sieht.

Myristica: Mal auf dich persönlich bezogen: Magst du den Geschmack von Blut? – Also von menschlichem Blut? Ist das etwas, das du gerne öfter im Leben „genießen" würdest? Und hast du auch schon mal über den Verzehr von Menschenfleisch nachgedacht oder beschränkt es sich bei dir tatsächlich nur auf „tierische Produkte"?

Dominik: Kurz beantwortet? Ja, ich mag den Geschmack von Blut. In der „Langform" müsste ich hier allerdings erwähnen, dass es auch sehr stark von den Menschen und ihren Ernährungsgewohnheiten abhängt.

Definitiv, ich würde es öfters und in größeren Mengen genießen, wenn ich die Chance hätte. Es zwangsläufig benötige ich es jedoch nicht. Jedoch ist die Geschichte mit der „gesunden" Menge eine Problematik und würde theoretisch eine größere Zahl Spender erfordern. Doch auch hier ist wieder der Aspekt des Vertrauens wichtig ... und da die Zeit bis zur Diagnostizierbarkeit für HIV nun einmal bei etwa 3 bis 6 Monaten liegt (je nach Testverfahren ab dem Zeitpunkt der Infektion), ist dies leider immer ein Risiko für Spender und Trinker, welches man nur über Vertrauen, Ehrlichkeit und Wissen bedingt reduzieren kann.

Myristica: Hast du mit deinen früheren Partnerinnen denn darüber gesprochen und haben die Beziehungen deshalb nicht lange gehalten? Oder lag es einfach nur an diesen Meinungswechseln, sprich, dass die Frauen nicht wussten, woran sie heute bei dir sind und woran sie morgen sein könnten...

Dominik: Ja, ich habe oft mit diesen gesprochen, aber das war eher auf meine weiteren Eigenarten bezogen und auch, wenn diese nicht so „schlimm" sind, begegnete mir hier oft eine gehörige Intoleranz.

Myristica: Liegt wohl daran, dass sich kaum einer von euch 'outen' mag... ?- Würde mir mal zu denken geben.

Dominik: Viele reale Vampyre und Lycanthropen haben sich auch aus den öffentlichen Communities bzw. dem Internet zurückgezogen, da hier häufig zu viele „Kinder" rumspringen, welche gerne das wären, was wir sind und dabei nicht verstehen, was es mit sich bringt, es wirklich zu sein – und dass man es nicht ist, weil man es sein will.

Selbstdarstellungen von Vampyren

Markus: Bis jetzt wurde ja schon eine Menge gesagt. Um mich erst einmal vorzustellen: Ich bin der von Anders erwähnte Bekannte und gehe gleich ein wenig auf den modernen Vampirismus ein.

Zuvor will ich allerdings anmerken, dass ich mich hier in einer sehr ungewohnten Situation befinde und normalerweise nicht viel davon halte, mich zu diesem Thema in einer Umgebung zu äußern, in der ich kein Verständnis dafür erwarte. Ich bin trotzdem dazu bereit, weil ich hoffe, dass ich dadurch ein wenig die Offenheit gegenüber Leuten wie mir fördern kann. Und welches Recht habe ich auch, Toleranz zu erwarten, wenn nur die Idioten aus unseren Reihen so etwas wie Aufklärung betreiben (was letztendlich meistens aus Selbstdarstellung geschieht)?

Es ist im Allgemeinen sowieso sehr schwer, die Thematik überhaupt verständlich zu machen und gleicht dem Versuch, einem Blinden erklären zu wollen, was Farben sind. Ich denke, das volle Verständnis für den Vampirismus werden nur die Leute erlangen, die davon betroffen sind. Trotzdem gibt es genug Leute, die uns so akzeptieren wie wir sind, selbst wenn sie nicht jeden unserer Charakterzüge direkt nachvollziehen können.

So viel zur Einleitung und jetzt fangen wir mal an:

Das direkte Wesen eines Vampyrs ist selbst in der Vampyr-Subkultur umstritten und es gibt verschiedene Gruppierungen, die der Meinung sind, die ultimative Wahrheit gefunden zu haben. Darunter sind Ansichten vertreten, die davon sprechen, dass der Vampirismus genetisch bedingt ist, seelisch, psychisch und so weiter. Es gibt die sogenannten Psi-Vampyre und Sanguinarians und natürlich die Leute, die behaupten, beides zu betreiben. Ich persönlich zähle zu der Kategorie der Sangs, also ein Vampyr, der menschliches Blut trinkt. Meine Ansicht zu den Psi-Vampyren lautet, dass es eine Art der Energiegewinnung ist, zu der jeder Mensch fähig ist und die sogar jeder Mensch betreibt. Diese Art der Energiegewinnung zählt in meinen Augen auch eher zum Okkultismus und hat mit Vampirismus wenig zu tun. Wahrscheinlich habt ihr das alle schon mal selbst praktiziert, wenn ihr in einer Diskothek, auf einem Konzert oder an einem anderen Ort wart, wo Menschen gefeiert haben. Sicher wissen die meisten von euch, wie viel Energie man aus solchen Massen schöpfen kann. Und in dieser Weise muss man sich die Energiegewinnung der Psi-Vampyre vorstellen. Sie sind der Meinung, dass sie diese Energie auch direkt von einem einzelnen Menschen gewinnen können und ich will ihnen diese Fähigkeit auch gar nicht absprechen, aber ich denke, dass sie einfach „normale" Menschen sind, die die Fähigkeit besser „ausgebaut" haben, diese Art von Energie zu gewinnen.

Und jetzt komme ich langsam zu meiner Ansicht, was den eigentlichen Vampirismus ausmacht. Allerdings kann ich das nicht, ohne anzumerken, dass die meisten Menschen, die man Vampyr nennen „darf", nicht gerne Vampyre sind. Es ist keine fixe Idee, die man sich plötzlich in den Kopf setzt, weil man Vampire ganz toll findet und selbst gern einer sein möchte. Der Begriff Vampyr ist eigentlich auch bloß eine Bezeichnung für uns, weil die Eigenschaften des mythologischen Vampirs den Umständen so ähnlich sind, mit denen wir uns in unserem Leben herumschlagen müssen. Und diese Umstände sind wirklich kein Zuckerschlecken. Ich habe mir nicht nur einmal gewünscht, ganz normal zu sein.

Kommen wir also zu einer kleinen Auflistung der Dinge, die (in meinen Augen) den Vampirismus ausmachen:

- eine Affinität für Blut und das Verlangen, es trinken zu wollen
- Nachtaktivität
- Sonnenlichtunverträglichkeit/-scheue bzw. Photophobie
- ein Gefühl der Unzugehörigkeit
- ein hoher IQ

Natürlich gehe ich jetzt ein bisschen näher auf die einzelnen Punkte ein.

Für mich eine große Cola und für die Dame bitte einen halben Liter AB positiv

von Markus

Die für einen Außenstehenden vermutlich signifikanteste Eigenschaft eines Vampyrs, die die meisten Menschen auch gehörig abschreckt. Entgegen der allgemeinen Vorstellung handelt es sich dabei nicht um einen Fetisch, denn einem Fetisch würde eine gewisse sexuelle Erregung innewohnen.

Es ist richtig, dass es Blutfetischismus gibt, aber nicht jeder Blutfetischist ist gleichzeitig ein Vampyr. Ich persönlich empfinde keine erotischen Gefühle beim Anblick oder Geschmack von Blut, jedenfalls nicht mehr oder weniger, als beispielsweise bei dem Anblick oder dem Geschmack von Erdbeeren. Diesen Vergleich bringe ich in diesem Zusammenhang sehr gern, weil die meisten Menschen den Bezug zu Blut und die sexuellen Hintergründe dann ein wenig besser verstehen. Das Gefühl, das mich dazu treibt, Blut trinken zu wollen, ist allerdings gut mit dem Gefühl zu vergleichen, Sex haben zu wollen, ohne dabei eine Verbindung zwischen diesen beiden Bedürfnissen herstellen zu wollen.

Woher dieses Verlangen kommt, kann ich allerdings leider auch nicht beantworten und dabei gehen die Meinungen auch auseinander. Ich hatte nie ein prägendes Erlebnis mit Blut, das in meinen Augen dazu geführt haben könnte. Eine gewisse Faszination hatte ich schon immer für den roten „Lebenssaft" und mit 14 Jahren verspürte ich dann sehr deutlich das Gefühl, es auch trinken zu wollen. Das darf man sich allerdings nicht wie einen Schalter vorstellen, sondern eher wie ein langsam steigendes Thermometer. Wir sterben also auch nicht, wenn wir kein Blut zu uns nehmen, aber das Verlangen wächst mit jedem Tag, an dem wir nichts bekommen. Eben ähnlich wie bei Sex. Die meisten Vampyre können sich allerdings sehr gut kontrollieren und ich kenne nur ein Negativbeispiel, wo jemand *behauptet* hat, dass er beim Anblick von Blut durchdreht und sich nicht mehr beherrschen kann.

Das Trinken von Tierblut ist verpönt, weil man entweder kaltes, ekliges, totes Blut beim Schlachter kaufen muss oder direkt ein unschuldiges und ängstliches Tier anzapfen müsste, das ganz sicher kein Einverständnis zu dieser Behandlung geben würde, selbst wenn es könnte. Wir quälen keine Tiere. Ich selbst habe auch die Erfahrung gemacht, dass beim Schlachter gekauftes Schweineblut wirklich eklig schmeckt. Ich bevorzuge es, das Blut mit einem offenen Butterfly (so nennt man die Art der Kanüle, die ich für die Blutgewinnung benutze, weil sie ein bisschen wie ein Schmetterling aussieht) aus der Vene am Arm fließen zu lassen, wobei der Schlauch hinunter zum Handgelenk führt, wo ich es direkt von der Haut lecken kann. Die meisten Spender haben aber einen kleinen Schnitt mit einer Rasierklinge lieber (der aber an keiner Hauptader durchgeführt wird), weil sie meistens (ulkigerweise) Angst vor Nadeln haben. Mir missfallen Rasierklingen, weil ich dann das Gefühl habe, dem Spender mehr Schmerzen zuzufügen, als notwendig sind, und sie sind auch nicht so ergiebig wie Kanülen.

Und vergesst bitte die Leute, die sich in einer schwarzen Kutte bei Oliver Geißen auf einen Stuhl fläzen und behaupten, immun gegen den HI-Virus zu sein. Der Großteil unter uns ist sich sehr wohl über die Risiken des Bluttrinkens bewusst und ein verantwortungsvoller Vampyr lässt nicht nur seine Spender auf alle möglichen übertragbaren Krankheiten testen, sondern auch sich selbst. In unseren Kreisen kann man sich auch darüber informieren, wie viel Blut ein Mensch im Monat spenden kann, ohne gesundheitliche Probleme zu bekommen. Das variiert dann auch in den Geschlechtern und die Ausbeute selbst ist eher gering (Mann = ca. 60 ml/Woche [zwei Schnapsgläser], Frau = ca. 40 ml/Woche [ein Schnapsglas]). Ihr seht also, dass man schon beim Ausleben dieser Eigenschaft vor ein paar Problemen steht, wenn man sich nicht mit einem Pogo-Stab auf ein Minenfeld begeben will.

Ich mag die Nacht. Die ist irgendwie...dunkel

von Markus

Zeit meines Lebens war ich ein Nachtmensch der übelsten Sorte. Das heißt, ich konnte noch nie wirklich gut in der Nacht schlafen und war dafür tagsüber todmüde. Ich habe selbstverständlich oft versucht, aus diesem Schema auszubrechen und mich in den Tagrhythmus einzugliedern, aber wie von selbst bin ich immer wieder zurück in die Nacht gewandert. Das war schon lange vor meiner Erkenntnis, ein Vampyr zu sein so. Offiziell nennt man das eine Schlafrhythmusstörung. Wenn ihr jetzt der Meinung seid, dass das doch leicht ist und man sich ja nur mal ein wenig zusammenreißen muss, könnt ihr ja mal ausprobieren, wie es ist, den eigenen Rhythmus über drei oder vier Monate umzustellen. Bin gespannt, ob einer von euch auch nur einen Monat schafft, ohne seine Meinung zu ändern.

Die naturgegebene Nachtaktivität stellt einen modernen Menschen vor vielseitige Probleme, denn wir leben in einer Gesellschaft, die noch zu sehr von ihrer überwundenen Zeit als Agrargesellschaft beeinflusst wird. (An sich wäre es der Menschheit heutzutage möglich, ihre Aktivität auch in die Nacht zu verlagern, doch die Zeit, in der die meisten Menschen noch Bauern waren und sich am Sonnenlicht orientieren mussten (nachts finden nur die wenigsten Menschen die Steckrüben, die sie aus der Erde ziehen wollen), hängt uns noch zu sehr nach.)

Das heißt, von der Gesellschaft her sind wir dazu gezwungen, tagsüber wach zu sein, schon allein um einzukaufen, Überweisungen zu machen oder zur Arbeit/Schule zu gehen. In meiner Schulzeit war das ein echtes Problem und ich war morgens chronisch übermüdet, bis ich nachmittags ins Bett fallen konnte (nein, ich schlafe überraschenderweise nicht in einem Sarg), um nachts aufzustehen und morgens wieder in die Schule zu gehen. Mein Rhythmus war also stets um einen halben Tag verschoben und kämpfte darum, sich wieder in seine natürliche Form zu bewegen.

Mittlerweile habe ich die Schule hinter mir gelassen und aufgrund meiner Schlafrhythmusstörung bei meiner Arbeitsstelle vorerst durchgesetzt, meine Aufgaben nachts erledigen zu können. Aber glaubt mir, wenn ich euch sage, dass es schwieriger ist, als man denkt, einen Nachtjob zu finden, denn die sind wirklich spärlich gesät. Meine derzeitige Arbeit wird normalerweise auch tagsüber erledigt, aber unter ein paar verunsicherten Blicken kriegt man das mit etwas Charme doch irgendwie gedeichselt.

Die merkwürdigen Blicke bringen mich dann noch auf den letzten Nachteil, den ich hier erwähnen will. Das Leben der Welt findet am Tag statt. Ihr wisst gar nicht, wie viel man verpasst, wenn man tagsüber schläft und wie wenig man machen kann, wenn man in der Nacht wach ist. Man versucht dann, sich nichts anmerken zu lassen, wenn die oft gestellte Frage kommt: „Und was machst du dann die ganze Nacht?"

Seltsamerweise ist jeder Fragesteller der Meinung, dass er zuerst auf diesen Gedanken gekommen ist und es ist überraschend, wie sehr die Fragen sich in Wortlaut und Tonlage gleichen. Ich versuche immer, die versteckte Kritik in genanntem Tonfall zu überhören, mache gute Miene zum bösen Spiel und antworte ganz gelassen: „Dasselbe, was du vermutlich am Tag machst. Ich lese, gehe spazieren, sehe fern, schreibe, chatte und so weiter." Das stimmt auch, aber es ändert nichts daran, dass das Leben in der Nacht verdammt einsam sein kann. Ich bin froh, eine Partnerin gefunden zu haben, die selbst eine Vampyrin ist. (Wir haben uns im Internet in einer Vampyrcommunity kennen gelernt und leben mittlerweile zusammen.) Aber bis zu diesem Punkt ist es ein langer, einsamer, stiller Weg.

Einmal Lichtschutzfaktor vierzigtausend, bitte

von Markus

Ein Punkt, an dem die Meinungen ebenfalls stark auseinandergehen. In meinen Augen gehört es dazu, aber ihr würdet sicher auch ein paar Gegenstimmen hören.

Ich spreche davon, dass ich das Sonnenlicht nicht vertrage. Das betrifft ebenso meine Partnerin, wenn auch nicht so stark wie mich, aber sie nimmt ein gewisses Maß an Schmerz auf sich, um sich eine kleine Resistenz gegen unsere Probleme mit dem Sonnenlicht zu bewahren. Wie ihr sicher schon richtig vermutet habt, zerfallen wir nicht zu Staub, wenn wir drei Uhr nachmittags mal an die frische Luft gehen und unsere Kleidung bekommt auch keine Brandlöcher. Aber ungeschützte Stellen fangen im Licht an zu schmerzen und besonders schlimm schlägt sich das in den Augen nieder.

Um euch das mal zu verdeutlichen: Wenn ihr euch so lange in einem dunklen Raum befindet, dass sich eure Augen bereits an die Dunkelheit gewöhnt haben und dann plötzlich das Licht angeschaltet wird, habt ihr einen stechenden Schmerz in den Augen, der dann langsam abklingt. Gehe ich ohne entsprechenden Schutz ins Sonnenlicht, habe ich dieselben Schmerzen in den Augen, aber dieser Schmerz verschwindet nicht. Daher trage ich außerhalb eines Gebäudes stets eine Sonnenbrille, wenn ich tagsüber unterwegs sein muss. Dabei handelt es sich um eine dunkle Sonnenbrille, auch wenn man oft die weit verbreitete Ansicht zu hören bekommt, dass man eigentlich eine braune Brille tragen müsste, um sich gegen das Sonnenlicht zu schützen. Dazu kann ich eigentlich nur das Statement abgeben, dass mir die dunkle Brille seit gut zehn Jahren treue Dienste leistet und mein Leiden lindert. Ich bin mir relativ sicher, dass es mit der UV-Strahlung zusammenhängt, denn wenn das Licht durch eine Fensterscheibe fällt, habe ich nur dann

Probleme damit, wenn es sehr grell ist (Glas absorbiert einen Großteil der ultravioletten Strahlung.). Die negativen Einflüsse des Sonnenlichts haben außerdem einen schmerzhaften Effekt auf unbedeckte Hautstellen. Daher sieht man mich am Tag in der Öffentlichkeit meistens auch nur mit einem Hut. (Ich schwöre darauf, dass ein Hut der beste Sonnenschutz ist, den man haben kann.)

Eine weitere niederschmetternde Eigenschaft der Sonne ist es, dass sie mich förmlich nach unten drückt. Es fühlt sich an, als ob die Schwerkraft zugenommen hätte. Dabei bin ich mir allerdings nicht sicher, ob es eine psychische Reaktion auf die anderen Empfindungen ist, die sich bei mir ganz physisch im Sonnenlicht einstellen. Möglich wäre es zumindest, auch wenn ich in diesem Fall staune, welche Macht die Psyche über die eigenen Körperkräfte haben kann.

So und jetzt habt ihr bestimmt das Bild von einem blassen, etwas geduckten Mann mit Sonnenbrille vor Augen, der einen Hut und langärmlige Sachen trägt (vermutlich auch einen Ledermantel). Wenn ihr so jemanden mal sehen solltet, könnt ihr ja mal rüber gehen und ihn fragen, ob er hier im Forum einen ganz langen Beitrag über Vampirismus geschrieben hat, denn so sehe ich tatsächlich aus.

All diese Schwierigkeiten haben sich bei mir in der Pubertät so richtig herausgebildet und verfestigt. In gewisser Weise ist das auch nichts Ungewöhnliches, denn jeder Mensch, der mal einen Sonnenbrand hatte, weiß, dass Menschen nicht für lange Aufenthalte in der Sonne geschaffen sind. Jeder Mensch hat also eine Sonnenlichtunverträglichkeit, die bei dem Einen stärker und bei dem Anderen schwächer ausgeprägt ist. Das sind zumindest die Worte meines Dermatologen, nachdem er von der Überlegung abgerückt ist, dass es sich bei meinem Leiden um eine schwache Form der Xeroderma pigmentosum (Mondscheinkinder) handeln könnte.

Ich muss glaube ich nicht erwähnen, welche Nachteile eine solche Beeinträchtigung mit sich bringt. Wahrscheinlich könnt ihr euch an fünf Fingern abzählen, dass man mich seltener mit meinen Freunden beim Grillen am Strand findet.

Mama, warum haben die anderen Kinder so kurze Reißzähne?

von Markus

Ein weiterer Punkt, der schwer zu erklären ist, und der vielleicht hier und da auf taube Ohren, bzw. blinde Augen stößt. Ich rede davon, dass ich mich schon immer nicht ganz zugehörig fühlen konnte, wenn es darum ging, dass alle Menschen sich als Gemeinschaft verstanden haben. Sicher werden jetzt einige sagen: „Aha! Hier ist also des Pudels Kern. Er ist ein Außenseiter und weil er keine Freunde hat, versucht er die Meidung der anderen durch eine fantasievolle Andersartigkeit zu erklären." Nun, diesen Hobbypsychologen kann ich nur antworten: Mitnichten.

Denn trotz der Hindernisse, die mir in meinen Lebensweg gelegt wurden und auf die ich schon eingegangen bin, hatte ich nie ein Problem damit, Freunde zu finden. Es gab natürlich Zeiten der Einsamkeit und der Meidung, aber ich möchte von mir behaupten, recht charismatisch zu sein, wenn man mich erst einmal sieht und auch rhetorisch eine gewisse Begabung zu haben. Zudem bin ich der unaufdringlichen Meinung relativ gut auszusehen, da ich unter anderem auch sehr viel Sport treibe und auch für mein Antlitz das ein oder andere vorteilhafte Gen abstauben konnte. Und obwohl das jetzt alles sehr eingebildet klingen mag, was ich nicht beabsichtigt habe und was mir auch etwas unangenehm ist, versuche ich stets höflich, fürsorglich und bescheiden zu sein.

Diese Eigenschaften haben mir alles andere als Meidung eingebracht, doch ich konnte mich nie des Gefühls erwehren, anders als meine Mitmenschen zu sein, selbst zu einer Zeit, in der ich nicht einmal wusste, was ein Vampyr ist, geschweige denn, dass es so etwas gibt.

Dieses Gefühl lässt sich eigentlich nicht in Worte fassen und ich will es ungern mit dem Gefühl verglichen sehen, das viele junge Menschen beschleicht, wenn sie sich über sich selbst klar werden, denn diesen Punkt habe ich langsam hinter mir gelassen und zwar so weit, dass ich ihn nicht einmal mehr rufen hören kann.

Entgegen der jetzt vielleicht aufkeimenden Meinung will ich auch noch anfügen, dass ich alles andere als ein Misanthrop bin. Ich will sogar fast behaupten, dass ich selten einen philanthropischeren Charakter gesehen habe, außer vielleicht meine Partnerin. Daher können wir auch gleich mal mit dem Gerücht aufräumen, dass Vampyre grundsätzlich keine Menschen mögen. Ich glaube, von einem Vampyr hat ein Mensch wesentlich weniger zu befürchten als von den so hoch geschätzten Biedermännern. Wobei es da auch Ausnahmen gibt, die ziemlich extrem sind, aber im Allgemeinen sind eher normale Menschen die, vor denen man sich fürchten sollte. Ich bringe sogar Insekten und Arachnoiden in einem Glas vor die Tür, anstatt sie zu erschlagen.

$$E = mc^2$$

von Markus

Dazu gibt es eigentlich gar nicht so sehr viel zu sagen. Nicht jeder hochintelligente Mensch ist ein Vampyr und nicht jeder Vampyr ist hochintelligent. Aber der prozentual höhere Anteil der Vampyre, die ich kenne (und das sind schon ein paar), ist wirklich außerordentlich intelligent und ich habe eigentlich nur selten einen gewöhnlichen Menschen gesehen, der meinen blassen Freunden das Wasser reichen konnte. Aber vielleicht bin ich in der Hinsicht einfach auch etwas voreingenommen.

Einer amerikanischen Studie zufolge, für deren Aussagekräftigkeit ich mich allerdings nicht verbürgen möchte, haben 75% der sich selbst identifizierten Vampyre einen überdurchschnittlich hohen IQ. Worauf ich hinaus will, ist, dass ein hoher Intellekt kein zwingendes Kriterium für einen Vampyr sein muss, aber es ist auffällig, dass diese Abnormität bei so vielen Vampyren aufzutreten scheint.

Und damit sind wir so langsam beim Ende. Ich möchte euch noch mal daran erinnern, dass nicht überall wo Vampyr draufsteht auch Vampyr drin sein muss. Die Subkultur ist überschwemmt von Möchtegerns, die genau dieses falsche Bild fördern, gegen das ich so gern angehen möchte. Teils geschieht dies aus dem Wunsch heraus, wirklich vor der Realität fliehen zu wollen, sich als etwas Besseres zu deklarieren (es gibt tatsächlich Gruppierungen, die sich selbst als höhere Art verstehen, die aber keinesfalls repräsentativ für den Großteil der Subkultur anzusehen sind) oder einfach, weil sie durch Filme und Bücher wie die *Twilight*-Reihe eine absolute und übertriebene Vampirbegeisterung entwickeln. (Ich denke, ich muss nicht noch anfügen, wie sehr ich es hasse, wenn solche Literaturvergewaltigungen wie die Liebesgeschichte zwischen Bella und Edward Cullen eine neue Welle von Vampirfans über uns hereinbrechen lassen, die ihre Ausläufer in der Gesellschaft nehmen und unsereins in der Öffentlichkeit ins Lächerliche ziehen, weil wir mit den Fans dieser nöligen Emobratze in einen Topf geworfen werden. Ihr merkt, der Stachel sitzt tief.)

Aber es gibt in unserer schönen, weiten und manchmal auch düsteren Welt durchaus ernstzunehmende Männer und Frauen, die ein Leben führen müssen, das nicht den Vorstellungen eines gewöhnlichen Menschen entspricht, weswegen dieser Mensch jedoch kein Recht hat, diese Art zu leben in irgendeiner Weise zu be- oder gar zu verurteilen. Viele von uns kann man an ihrer Art sich zu kleiden, sich zu bewegen oder zu sprechen erkennen, denn zugegebenermaßen entspricht dies zuweilen ein paar Klischees.

Ich könnte euch dafür Gründe nennen, aber vermutlich würde ich dabei einen ähnlich langen Text schreiben müssen, wie den, den ihr gerade gelesen habt und ich denke heute reicht es uns allen erst einmal. Also werde ich euch – ohne direkt auf die Einzelheiten einzugehen – sagen, dass es durchaus eine Belastung ist, so leben zu müssen und die Nachteile die Vorteile weit überwiegen. Irgendwann gelangt man an einen Punkt, an dem man sich selbst dafür hasst, dass man so ist wie man ist und von diesem Punkt gelangt man an einen weiteren, an dem man sich selbst akzeptiert, ja sogar einen gewissen Stolz für sich selbst empfindet und nicht länger die eigene Natur verleugnet.

Von da an zeigen viele in mehr oder minder auffälligem Maß, wer und was sie sind und dabei orientieren sie sich mit geradem Rücken und hoch erhobenem Kopf an den fiktiven Bildern, die in der Gesellschaft kursieren (und die möglicherweise überhaupt erst durch Leute wie uns geprägt wurden, denn es gibt schriftlich überlieferte Beweise dafür, dass diese besonderen Eigenschaften auch schon in der Vergangenheit bei vielen Menschen aufgetreten sind – was einigen dann auch den Scheiterhaufen unter die Füße gebracht hat). Bei den ernstzunehmenden Vampyren ergibt sich das Klischeeverhalten und -auftreten also in umgekehrter Reihenfolge, als der, die ihnen unterstellt wird.

Ich hoffe, dass ich euch durch das Guckloch meiner Worte einen kleinen und genaueren Einblick in unsere Welt liefern konnte. Es gibt hundert Seiten, die ich noch füllen und tausend Gespräche, die ich mit euch führen könnte, aber das wäre kein Guckloch mehr, sondern eine geöffnete Tür und ich will niemandem aufzwingen, ein Haus zu betreten, an das er nicht einmal geklopft hat. Ich vernahm lediglich euer Gespräch vor unserem Eingang und dachte, ich steuere etwas Senf zu dem Gelage bei, das ihr dort abgehalten habt. Stört euch nicht an seiner rötlichen Farbe oder seinem metallischen Geschmack. Es ist ein altes Hausrezept...

Lydia Benecke

Fragebogen für Vampyre

Erklärung zum Vampyr-Fragebogen

Dem folgenden, von mir zusammengestellten Fragebogen gingen viele E-Mails und persönliche Gespräche mit Menschen, die sich in ihrem Wohlbefinden beeinträchtigt fühlten, wenn sie längere Zeit kein Blut zu sich nehmen, voraus. Ich berücksichtigte zudem die Daten, die ich der Studie der *Atlanta Vampyre Alliance* entnommen hatte, und entwickelte daraus Ideen für diagnostische Fragen. Dabei ließ ich die Personen zunächst weitgehend frei aus ihrem Leben erzählen und stellte dann spezifische Fragen zu möglichen psychischen Besonderheiten.

Danach entschied ich, welche psychischen Störungsbilder ich mit einem möglichst kurzen und doch umfassend zusammengestellten Fragebogen bei einigen Vampyren abfragen konnte. Es war leider zeitlich nicht möglich, ein umfassendes standardisierte Interview wie beispielsweise das SKID (Strukturiertes klinisches Interview für Diagnostisch-Statistisches Manual, Version IV) mit den Vampyren durchzugehen. Da die von mir als Versuchspersonen herangezogenen Vampyre sehr gute sprachliche Fähigkeiten, Offenheit bezüglich psychischer Besonderheiten und ein hohes Maß an Selbstreflexion zeigten, beschloss ich, den folgenden Bogen großteils im Wortlaut des DSM-IV zu gestalten.

Ich fragte Symptome ab, die den diagnostischen Kriterien des DSM-IV für folgende Störungen entsprechen:

- Major Depression bzw. schwere depressive Episode
- Manische oder hypomanische Episode

- Zwangsstörung
- Posttraumatische Belastungsstörung
- Soziale Phobie
- ADHS (Aufmerksamkeitsdefizit-/Hyperaktivitätsstörung)

Die Merkmale der emotional instabilen Persönlichkeitsstörung fragte ich den diagnostischen Kriterien des ICD-10 folgend ab, weil das die Unterteilung in zwei Unterkategorien dieser Störung (nämlich „Impulsiver Typ" oder „Borderline-Typ") ermöglicht.

Für Fragen nach Symptomen von Panikattacken benutzte ich den Wortlaut eines Internet-Selbsthilfe-Forums für Betroffene von Panikattacken (http://www.psychic.de/panikattacken-symptome.php).

Es wäre gut, wenn irgendwann die zeitlichen und finanziellen Ressourcen zur Verfügung stünden, um eine größere und mithilfe eines umfassenderen klinischen Fragebogens (wie z.b. der bereits erwähnte SKID) detailliertere Umfrage mit den Vampyren durchzuführen. Die von mir verwendete Vorgehensweise war die effizienteste, die mir mit den zur Verfügung stehenden Mitteln möglich war.

Den Fragebogen verschickte ich per Email an mehrere, auch persönlich bereits interviewte, Vampyre und erhielt ihn auf diesem Wege auch von ihnen zurück.

Die Rechte für alle Bögen liegen bei den AutorInnen. Wir drucken die Texte hier nur im Sinne sauberer Wissenschaft und zugunsten einer wünschenswerten Diskussion ab, damit nachvollziehbar wird, was wir wie (und warum) geprüft haben.

Fragebogen

Hast du in deinem Leben auffällige Erlebnisse gehabt, wie beispielsweise Gewalterfahrungen, sexueller Missbrauch, Probleme mit Mitschülern, schwierige Beziehung zu den Eltern und/ oder Geschwistern? Wenn ja, führe das bitte kurz aus.

Nun überprüfe ich die Symptome einiger psychischer Störungen.

Für alle folgenden Punkte gilt folgendes:

Welche der folgenden Symptome bestehen oder bestanden in deinem Leben schon einmal während eines Zeitraums von mindestens zwei Wochen?

Bitte schreib hinter jeden Punkt, der auf dich zutraf oder zutrifft, in welchem Alter du warst oder bist und wie lange das ungefähr angehalten hat (Beispiel: „Ca. vom 11. bis 13. Lebensjahr und dann nochmal ca. 6 Monate lang, als ich 17 war.").

Bei den Symptomen, die auf dich zutreffen, schreib bitte dazu, ob du sie mit Lebensereignissen oder sonstigen Dingen in deinem Leben in Verbindung bringst (z.B: „Das hat angefangen, als meine Oma gestorben ist.")

Die Punkte, die nicht auf dich zutreffen, kannst du einfach aus dem Text löschen.

Am Ende soll ein Text entstehen, in dem nur noch deine Symptome mit deinen Zeitangaben und eventuell Anmerkungen dazu stehen.

Thema: Depression

1. Depressive Verstimmung an fast allen Tagen, für die meiste Zeit des Tages, vom Betroffenen selbst berichtet (z. B. fühlt sich traurig oder leer) oder von anderen beobachtet (z. B. erscheint den Tränen nahe).

2. Deutlich vermindertes Interesse oder Freude an allen oder fast allen Aktivitäten, an fast allen Tagen, für die meiste Zeit des Tages (entweder nach subjektivem Ermessen oder von anderen beobachtet).

3. Deutlicher Gewichtsverlust ohne Diät; oder Gewichtszunahme (mehr als 5 % des Körpergewichtes in einem Monat); oder verminderter oder gesteigerter Appetit an fast allen Tagen.
4. Schlaflosigkeit oder vermehrter Schlaf an fast allen Tagen.
5. Psychomotorische Unruhe oder Verlangsamung an fast allen Tagen (durch andere beobachtbar, nicht nur das subjektive Gefühl von Rastlosigkeit oder Verlangsamung).
6. Müdigkeit oder Energieverlust an fast allen Tagen.
7. Gefühle von Wertlosigkeit oder übermäßige oder unangemessene Schuldgefühle (die auch wahnhaftes Ausmaß annehmen können) an fast allen Tagen (nicht nur Selbstvorwürfe oder Schuldgefühle wegen des Krankseins).
8. Verminderte Fähigkeit zu denken oder sich zu konzentrieren oder verringerte Entscheidungsfähigkeit an fast allen Tagen (entweder nach subjektivem Ermessen oder von anderen beobachtet).
9. Wiederkehrende Gedanken an den Tod (nicht nur Angst vor dem Sterben), wiederkehrende Suizidvorstellungen ohne genauen Plan, tatsächlicher Suizidversuch oder genaue Planung eines Suizids.

Thema: Manie

1. Übergroßes Selbstbewusstsein oder „Größenwahn"
2. Geringes Schlafbedürfnis (z.B. nur noch drei Stunden)
3. Vermehrte Gesprächigkeit oder Rededrang
4. Gedankenrasen, Gedankenflug
5. Ist sehr leicht ablenkbar
6. Steigerung zielgerichteter Aktivitäten oder psychomotorische Unruhe
7. Exzessive Beschäftigung mit angenehmen Tätigkeiten, die wahrscheinlich unangenehme Folgen haben (z.B. exzessives Essen; mehr Geld ausgeben, als man sich eigentlich leisten könnte; übermäßig spon-

tane sexuelle Handlungen, die man im Rückblick als unangemessen empfindet usw.)

Thema: Zwangsstörung

Achtung, ich überprüfe das zwei Mal.

Das erste Mal unter dem Aspekt, ob solche Gedanken oder Handlungen in irgendwelchen Gebieten (z.B. übertriebenes Händewaschen, übertriebenes Kontrollieren, ob die Tür abgeschlossen und der Herd aus ist usw.) bei dir vorhanden sind und das zweite Mal unter dem Aspekt, ob das Verlangen nach Blut und das Bluttrinken die Kriterien eines Zwanges erfüllen.

Zwangsgedanken – allgemeine Zwänge:

1) Wiederkehrende und anhaltende Gedanken, Impulse oder Vorstellungen (z.B. ich bekomme Aids, wenn ich mit nicht die Hände wasche oder meine Wohnung brennt ab, wenn ich nicht drei Mal den Herd und alle Elektrogeräte kontrolliere oder ich werde jemanden mit einem Messer erstechen, wenn ich nicht alle Messer wegräume), die zeitweise während der Störung als aufdringlich und unangemessen empfunden werden, und die ausgeprägte Angst und großes Unbehagen hervorrufen.

2) die Gedanken, Impulse oder Vorstellungen sind nicht nur übertriebene Sorgen über reale Lebensprobleme;

3) die Person versucht, diese Gedanken, Impulse oder Vorstellungen zu ignorieren oder zu unterdrücken oder die mithilfe anderer Gedanken oder Tätigkeiten zu neutralisieren;

4) die Person erkennt, dass die Zwangsgedanken, -impulse oder –vorstellungen ein Produkt des eigenen Geistes sind (nicht von außen wie bei Gedankeneingebung).

Zwangshandlungen:
Wiederholte Verhaltensweisen (z.B. Händewaschen, Ordnen, Kontrollieren) oder gedankliche Handlungen (z.b. Beten, Wörter leise wiederholen), zu denen sich die Person als Reaktion auf einen Zwangsgedanken oder aufgrund von streng zu befolgenden Regeln gezwungen fühlt; die Verhaltensweisen oder die gedanklichen Handlungen dienen dazu, Unwohlsein zu verhindern oder zu reduzieren oder gefürchtete Ereignisse oder Situationen vorzubeugen; diese Verhaltensweisen oder gedanklichen Handlungen stehen jedoch in keinem realistischen Bezug zu dem, was sie zu neutralisieren oder zu verhindern versuchen, oder sie sind deutlich übertrieben.

Zu irgendeinem Zeitpunkt hast du erkannt, dass die Zwangsgedanken oder -handlungen übertrieben oder unbegründet sind.

Die Zwangsgedanken oder -handlungen verursachen erhebliche Belastung, sind zeitaufwendig (benötigen mehr als eine Stunde pro Tag – inklusive Beschäftigung mit den Gedanken!) oder beeinträchtigen deutlich deine normale Tagesroutine, deine beruflichen (oder schulischen) Funktionen oder die üblichen Aktivitäten und Beziehungen.

Zwangsgedanken – Blutzwang?
1) Wiederkehrende und anhaltende Gedanken, Impulse oder Vorstellungen (hier so etwas wie: „Ich muss Blut trinken, sonst werde ich krank" -> Was ist dein Gedanke, wenn du dir vorstellst, kein Blut mehr zu trinken? Schreib den oder die Gedanken bitte auf), die zeitweise während der Störung als aufdringlich und unangemessen empfunden werden und die ausgeprägte Angst und großes Unbehagen hervorrufen (also Angst oder Unbehagen bei der Vorstellung, wie es sich anfühlen würde, wenn man nicht an Blut kommen könnte);

2) die Gedanken, Impulse oder Vorstellungen sind nicht nur übertriebene Sorgen über reale Lebensprobleme;

3) die Person versucht, diese Gedanken, Impulse oder Vorstellungen zu ignorieren oder zu unterdrücken oder diese mithilfe anderer Gedanken oder Tätigkeiten zu neutralisieren;

4) die Person erkennt, dass die Zwangsgedanken, -impulse oder –vorstellungen ein Produkt des eigenen Geistes sind (nicht von außen wie bei Gedankeneingebung).

Zwangshandlungen:

Wiederholte Verhaltensweisen (Blut trinken), zu denen sich die Person als Reaktion auf einen Zwangsgedanken oder aufgrund von streng zu befolgenden Regeln gezwungen fühlt; die Verhaltensweise (also das Blut trinken) dient dazu, Unwohlsein zu verhindern oder zu reduzieren oder gefürchtete Ereignisse oder Situationen (z.B. befürchtete Schwächung und/oder Erkrankung?) vorzubeugen; diese Verhaltensweisen oder gedanklichen Handlungen stehen jedoch in keinem realistischen Bezug zu dem, was sie zu neutralisieren oder zu verhindern versuchen, oder sie sind deutlich übertrieben (eigentlich werden Menschen ja nicht körperlich krank, wenn sie kein Menschenblut zu sich nehmen, oder?).

Zu irgendeinem Zeitpunkt hast du erkannt, dass die Zwangsgedanken oder –handlungen übertrieben oder unbegründet sind (So etwas wie „Eigentlich ist mit klar, dass es keine körperliche Abhängigkeit von Blut gibt").

Die Zwangsgedanken oder -handlungen verursachen erhebliche Belastung, sind zeitaufwändig (benötigen mehr als eine Stunde pro Tag – inklusive Beschäftigung mit den Gedanken!) oder beeinträchtigen deutlich deine normale Tagesroutine, deine beruflichen (oder schulischen) Funktionen oder die üblichen Aktivitäten und Beziehungen.

Thema: Posttraumatische Belastungsstörung

A. Es war eine Konfrontation mit einem traumatischen Ereignis gegeben und zwar:

1. Konfrontation mit tatsächlichem oder drohendem Tod oder ernsthafter Verletzung oder Gefahr für eigene oder fremde körperliche Unversehrtheit (objektiv)

und

2. Reaktion: Intensive Furcht, Hilflosigkeit oder Entsetzen (subjektiv)

B. Es kommt zum beharrlichen Wiedererleben des Ereignisses in Form von

1. Wiederkehrenden und eindringlichen belastenden Erinnerungen (Bildern, Gedanken, Wahrnehmungen)

und/oder

2. wiederkehrende belastenden Träume

und/oder

3. Handeln oder Fühlen, als ob das Ereignis wiederkehrt

C. Anhaltendes Vermeidungsverhalten bzgl. Traumaassoziierter Reize oder Abflachung der allgemeinen Reagibilität. Drei der sieben folgenden Kriterien sind erfüllt:

1. Bewusstes Vermeiden von Gedanken, Gefühlen oder Gesprächen in Bezug auf das Trauma

2. Bewusstes Vermeiden von Aktivitäten, Orten oder Menschen, die Erinnerungen wachrufen

3. Unfähigkeit, sich an einen wichtigen Aspekt des Traumas zu erinnern

4. Deutlich vermindertes Interesse oder Teilnahme an wichtigen Aktivitäten

5. Gefühl der Losgelöstheit oder Entfremdung von anderen

6. Eingeschränkte Bandbreite des Affektes
7. Gefühl einer eingeschränkten Perspektive

D. Anhaltende Symptome erhöhter Erregung. Zwei der folgenden fünf Kriterien sind erfüllt
1. Schwierigkeiten, ein- oder durchzuschlafen
2. Reizbarkeit oder Wutausbrüche
3. Konzentrationsschwierigkeiten
4. Hypervigilanz (extreme Wachsamkeit)
5. Übertriebene Schreckreaktionen

E. Die beschriebenen Symptome dauern länger als einen Monat

Thema: Soziale Phobie

A. Eine ausgeprägte und anhaltende Angst vor einer oder mehreren sozialen- oder Leistungssituationen, in denen die Person mit anderen Personen konfrontiert ist oder von anderen Personen beurteilt werden könnte. Der Betroffene befürchtet, ein Verhalten (oder Angstsymptome) zu zeigen, das demütigend oder peinlich empfunden werden könnte. Beachte: Bei Kindern muss gewährleistet sein, dass sie im Umgang mit bekannten Personen über die altersentsprechende soziale Kompetenz verfügen, und die Angst muss auch gegenüber Gleichaltrigen und nicht nur in der Interaktion mit Erwachsenen auftreten.

B. Die Konfrontation mit der gefürchteten sozialen Situation ruft fast immer eine unmittelbare Angstreaktion hervor, die das Erscheinungsbild einer situationsgebundenen oder einer situationsbegünstigten Panikattacke annehmen kann. Beachte: Bei Kindern kann sich die Angst durch Weinen, Wutanfälle, Erstarren oder Zurückweichen von sozialen Situationen mit unvertrauten Personen ausdrücken.

C. Die Person erkennt, dass die Angst übertrieben oder unbegründet ist. Beachte: Bei Kindern kann dieses Kriterium fehlen.

D. Die gefürchteten sozialen oder Leistungssituationen werden vermieden oder nur unter intensiver Angst oder Unwohlsein ertragen.

Das Vermeidungsverhalten, die ängstliche Erwartungshaltung oder das starke Unbehagen in den gefürchteten sozialen oder Leistungssituationen beeinträchtigen deutlich die normale Lebensführung der Person, ihre berufliche (oder schulische) Leistung oder soziale Aktivitäten und Beziehungen, oder die Phobie verursacht erhebliches Leiden.

Thema: Emotional instabile Persönlichkeitsstörung

1. Deutliche Tendenz, unerwartet und ohne Berücksichtigung der Konsequenzen zu handeln

2. Deutliche Tendenz zu Streitereien und Konflikten mit anderen, vor allem dann, wenn impulsive Handlungen unterbunden oder getadelt werden

3. Neigung zu Ausbrüchen von Wut oder Gewalt mit Unfähigkeit zur Kontrolle explosiven Verhaltens

4. Schwierigkeiten in der Beibehaltung von Handlungen, die nicht unmittelbar belohnt werden

5. Unbeständige und unberechenbare Stimmung – und mindestens zwei der folgenden Kriterien müssen für die Diagnose „Borderline Typus" vorliegen:

   1. Störungen und Unsicherheit bezüglich Selbstbild, Zielen und „inneren Präferenzen" (einschließlich sexueller)
   2. Neigung, sich in intensive, aber instabile Beziehungen einzulassen, oft mit der Folge von emotionalen Krisen
   3. Übertriebene Bemühungen, das Verlassenwerden zu vermeiden
   4. Wiederholte Drohungen oder Handlungen mit Selbstbeschädigung
   5. Anhaltende Gefühle von Leere

Thema: ADHS (Aufmerksamkeits- und Konzentrations-Störungen)

Unaufmerksamkeit

Welche der folgenden Symptome von Unaufmerksamkeit sind während sechs Monaten in einem unangemessenen Ausmaß vorhanden gewesen?

• Beachtet häufig Einzelheiten nicht oder macht Flüchtigkeitsfehler bei den Schularbeiten, bei der Arbeit oder bei anderen Tätigkeiten;

• hat oft Schwierigkeiten, längere Zeit die Aufmerksamkeit bei Aufgaben oder beim Spielen aufrechtzuerhalten;

• scheint häufig nicht zuzuhören, wenn andere ihn/sie ansprechen;

• führt häufig Anweisungen anderer nicht vollständig durch und kann Schularbeiten, andere Arbeiten oder Pflichten am Arbeitsplatz nicht zu Ende bringen (nicht aufgrund oppositionellem Verhaltens oder Verständigungsschwierigkeiten);

• hat verstärkt Schwierigkeiten, Aufgaben und Aktivitäten zu organisieren;

• vermeidet häufig, oder hat eine Abneigung gegen oder beschäftigt sich oftmals nur widerwillig mit Aufgaben, die länger dauernde geistige Anstrengungen erfordern (wie Mitarbeit im Unterricht oder Hausaufgaben)

• verliert häufig Gegenstände, die für Aufgaben oder Aktivitäten benötigt werden (z.B. Spielsachen, Hausaufgabenhefte, Stifte, Bücher oder Werkzeug)

• lässt sich oft durch äußere Reize leicht ablenken

• ist bei Alltagstätigkeiten häufig vergesslich

Hyperaktivität und Impulsivität

Welche der folgenden Symptome der Hyperaktivität und Impulsivität sind während sechs Monaten beständig in einem unangemessenen Ausmaß vorhanden gewesen?:

Hyperaktivität

- Zappelt häufig mit Händen oder Füßen oder rutscht auf dem Stuhl herum;
- steht in der Klasse oder in Situationen, in denen ruhiges Sitzen erwartet wird, häufig auf;
- läuft herum oder klettert exzessiv in Situationen, in denen dies unpassend ist (bei Jugendlichen oder Erwachsenen kann dies auf ein subjektives Unruhegefühl beschränkt bleiben);
- hat häufig Schwierigkeiten, ruhig zu spielen oder sich mit Freizeitaktivitäten ruhig zu beschäftigen;
- ist häufig „auf Achse" oder handelt oftmals, als wäre er/sie „getrieben";
- redet häufig übermäßig viel

Impulsivität

- Platzt häufig mit Antworten heraus, bevor die Frage zu Ende gestellt ist;
- kann nur schwer warten, bis er/sie an der Reihe ist;
- unterbricht und stört andere häufig (platzt z.B. in Gespräche oder Spiele anderer hinein)

Thema: Panikstörung

Panikattacken zeichnen sich insbesondere durch diese Merkmale aus:

- Intensive Angst bis hin zu Todesangst;
- plötzliches, spontanes Auftreten, aus heiterem Himmel;
- sie erreichen innerhalb weniger Minuten einen Höhepunkt und dauern mindestens einige Minuten bis hin zu 30 Minuten.

Panikattacken äußern sich in Gedanken, Gefühlen, körperlichen Reaktionen und dem Verhalten.

a) Gedanken

Die Gedanken kreisen darum,
- dass man sterben könnte,
- dass man eine schwere Erkrankung wie z.B. einen Hirntumor oder einen Herzfehler haben könnte,
- dass man die Kontrolle über sich verlieren könnte,
- dass man in Ohnmacht fallen könnte,
- dass man ersticken könnte

b) Gefühle
- Angst, Kontrolle zu verlieren
- Angst zu sterben
- Panik
- Angst, verrückt zu werden

c) körperliche Reaktionen

Körperliche Symptome treten immer auf, aber nicht jeder hat jedes Symptom.
- Herzklopfen, Herzrasen
- Schweißausbrüche
- Zittern
- trockener Mund
- Atembeschwerden
- Beklemmungen in der Brust, Erstickungsgefühle
- Übelkeit, Erbrechen
- Schwindel, Schwäche oder Benommenheit
- Eindruck, alles sei unwirklich
- Hitze- oder Kältegefühl
- Gefühllosigkeit, Taubheit oder Kribbeln
- verschwimmen vor den Augen
- Gefühl, auf unsicheren Beinen zu stehen

d) Verhalten
- Meidung von Orten und Situationen
Die körperlichen Symptome (insbesondere Herzrasen, Schwindel und Atemnot) werden als so unangenehm und lebensbedrohlich empfunden, dass Betroffene eine starke Angst vor solchen Panikattacken entwickeln und beginnen, Situationen zu meiden, in denen ihre Panikattacken auftreten könnten. Man spricht dann von einer Panikstörung mit Agoraphobie.

Zunächst meiden Betroffene meist die Situation, in der die Panikattacke zum ersten Mal aufgetreten ist, später dann auch andere Situationen. überall dort, wo sie keine Fluchtmöglichkeiten sehen, unangenehm auffallen könnten oder glauben, nicht ärztlich versorgt werden zu können, macht sich Meidung breit.

Die als lebensbedrohlich erlebten körperlichen Symptome von Panikattacken (Herzrasen, Schwindel und Atemnot) führen zu Todesängsten und der Angst, die Kontrolle zu verlieren oder verrückt zu werden. Diese Erfahrung ist so traumatisch, dass Betroffene fortan ängstlich in sich hineinhören, ob sich wieder ein solcher Anfall ereignen könnte. Das Vertrauen in ihren Körper geht verloren und die Angst macht sich breit, sie könnten solche Anfälle wieder erleben und daran sterben.

Dies erklärt, warum Menschen mit einer Panikstörung ein sehr großes Sicherheitsbedürfnis haben. Sie brauchen immer wieder die Bestätigung von Ärzten, dass sie organisch gesund sind und ihnen nichts passieren kann. Und sie entwickeln eine erhöhte Sensibilität gegenüber ihrem Körper. Sie horchen ständig in sich hinein und beobachten ihren Körper genau. Kleinste körperliche Veränderungen oder Unregelmäßigkeiten, denen sie früher keine Beachtung geschenkt haben, werden nun als Anzeichen einer lebensbedrohlichen Erkrankung oder einer neuerlichen Panikattacke angesehen.

Index

A

Aberglauben 103, 109
Abhängigkeit 41, 53, 143
Abstinenz 41
Absurd 82
ADHS 138, 147
Akzeptanz 48f
Alexander der Große 103
Alkohol 65, 69
Alpträume 5, 105, 107
Amygdala 65f
Angelus 77
Angst 21f, 28f, 39, 41, 48, 53, 55, 59, 61, 64f, 70, 72, 87, 94, 127, 140ff, 145f, 148ff
ansteckenden Krankheiten 42
Atlanta Vampire Alliance (AVA) 29f, 38f, 52, 56, 58, 61, 68ff
Augenbrauen 107
Aura 15f
Ausstrahlung 87
Auto-Vampirismus 90
autosuggestiv 42
AVA-Untersuchung 39, 52, 56, 61, 69
Awakening 68, 89, 93. 96, 117

B

Bathory, Elisabeth (Blutgräfin) 33, 109
BDSM 33, 35
Bella 25, 134
Beziehungspartner 110
Bis(s)-Reihe 25ff, 39f
Biss 18, 101
Blade 31
Bladed Ankh 30
Blut 5, 7, 10, 17ff, 30, 35ff, 401ff, 45, 47, 50ff, 55f, 67ff, 77ff, 80, 90ff, 96f, 99, 103, 105f, 109, 120, 122, 124ff, 137, 141ff, 157, 159
 -abnahme 18, 44
 -austausch 80
 -durst 28, 32, 41ff, 53ff, 89ff, 92
 -entzug 36
 -fetisch 35, 37, 77ff, 126
 -gewinnung 18, 92, 127
 -konsum 44, 69
 -menge 44
 -sauger 12, 17, 25

-trinken 10, 30, 36ff, 51ff, 55, 79f, 93, 100, 127, 141
-zwang 142
Borderline 57, 59ff, 64ff, 69, 89, 138, 146
Borderline-Persönlichkeitsstörung 57, 59f, 64, 66f, 69
Brigham-Young Universität 27
Brot 106, 109f
Bukarest 5

C
Chi 16
Community 81f, 121, 129
Conventum Tenebrarum 45
Covens 21
Cullen 25, 27, 40, 134

D
Dark-Wave 13
Datenbank 114f
Depression 29, 36, 38f, 42, 48f, 56, 58, 62, 69, 71, 89, 98, 137, 139
Depressionssymptom 36
Depressive Verstimmung 139
Diagnose 58, 60, 63, 75, 146
Dissoziation 62f, 67f, 70, 116
Dominanz 33
Donor (siehe auch *Spender* 18, 32, 54, 100

Dracula 5f, 25ff, 40, 103
Draining 16
Droge 55, 61, 65, 69, 95, 100, 113
DSM-IV 50ff, 60, 137

E
Eckzähne 15
Edward Cullen 25f, 134
Einbindung 50
Einzelgänger 22
Ekel 41, 64, 68
Eltern 38, 57, 69, 89, 139
Emotionsregulation 67, 71
Energie 6, 14ff, 25, 36, 70f, 91ff, 95, 105f, 125, 157
 -Armut 6
 -Vampyre 71
 -vampire 35f
Entspannung 100
Entzugserscheinungen 39, 41, 43, 52
Erotomane 25
Erwachen 93, 99
Evangelische Zentralstelle für Weltanschuungsfragen 8
ewige Liebe 27
Extremsituationen 63
EZW 8, 31f

Index

F
Fasten 92
Fetisch 31, 37, 50, 76, 78, 121, 126
Fiktion 34, 157
Fledermaus 9
Fleisch 19, 119f
Foren 52, 81, 94, 113, 121
Fromm, Rainer 31ff

G
Geborgenheit 42
Gedächtnisausfälle 62
Gefühlskontrolle 70
Gehirn 58, 64f, 72, 111
Geisteskrankheit 121
Geißen, Oliver 127
Gemeinschaften 21f
Geschlechtern 127
Geschmack von Blut 37, 43, 70, 77, 95, 97, 122, 126, 135
Gesellschaft zur wissenschaftlichen Untersuchung von Parawissenschaften 40, 110
Gestalt verändern 107
Gewalt 16, 32ff, 146
Gothic 13, 30, 47ff, 72, 73, 83
Grab 5, 10
Großstädte 22
Grufties 47, 85

H
Hämatophagie 18
Hämatophilie 18
Heilung 42f
HIV 123, 127
Hollywood 7
Hunger 53, 96

I
ICD-10 52, 60, 138
identity groups 28
Individualisierung 11, 22
Insekten 133
Internet 21, 30, 43, 45, 52, 91, 94, 121, 123, 129, 138

K
Kanülen 44, 127
Kick 23, 95, 99
Kindheit 38f, 56f, 59, 63, 65, 69ff, 88, 97, 107, 109
Kontrolle 53, 63, 79, 146, 149f
Kopfschmerzen 29, 61, 89
Kreuzzug 25
Kürten, Peter (*Vampir von Düsseldorf*) 33
Kuss 92

Index

L
LARP 13
Lebensenergie 7, 14, 35, 43, 78, 92, 99
Leib Jesu 109
Lifestyler 81
London 7
Lustgewinnung 19
Lycanthropie 6, 117ff, 121, 123

M
Mandelkern 65
Manhattan 5, 103
Marienwallfahrtsort 105
Masochismus 50
Melancholie 49
Menschenfleisch 122
Menschheit 5, 11, 20, 111, 122, 128
Messe 108
Meyer, Stephenie 27
Missbrauch 29, 57, 59, 69, 139
Misshandlung 29, 56f
Mond 118
Mondscheinkinder 131
Mordor, Frater 5, 7, 23, 34f
Mormonen 27
Müdigkeit 42, 140
Multiple Persönlichkeitsstörung 63

N
Nachtaktivität 125, 128
Nachtgestalten 5, 110
Nachtmahr 105
Nachzehrer 103
Nahrungskette 119
Nexus Noctis 5, 45, 75, 91, 98, 101, 113
Nocna Mara 105

O
Orden 22f
Osteuropa 103

P
Panikattacken 111, 138, 148, 150
Paraphilie 18, 50
Paris 7
Partnerschaft 25, 59, 98, 129f, 133
Phantasien 26, 51, 99
Photophobie 125
Piekary Śląskie 105
Pornographie 33
Poser 15
Prüderie 25
Psi-Vampire 16f
Psi-Vampyre 124f
psychisch 15f, 42, 49ff, 55, 57, 63, 73, 91, 131
psychische Anspannung 42

psychische Vampirismus 15f
Psychologie 11, 23, 54, 57, 89
Psychopharmaka 82
Psychose 18
Psychotherapie 38, 72
Pubertät 42, 97, 131
Punks 83

R
Ramsland 32
Rasierklinge 18, 127
Real Life-Vampyre 6, 28, 76
Religionsfreiheit 9
Rice, Anne 5, 40
Ritual 108, 110
Ritzen der Haut 48, 67, 91
Rollenspiele 13
Ruda, Manuela 31, 74, 81f
Rumänien 7, 103f, 157

S
Sadismus 50
Sadomasochismus 33
safe, sane and consensual 32
Sanguinarians 17, 124
Satanismus 8f
Satanisten 47
Schatten 6, 9, 11, 19, 23
Schlachthof 7
Schlaf 106, 140

Schlafproblemen 29, 42, 58, 89, 97, 128f
Schmerz 33, 49, 130
Schuhe 110
Seele 62, 93, 104ff
Sekte 8
Selbstdarstellung 113, 124
Selbstfindung 96
Selbstverletzer 48
Sex 26, 37, 70, 78ff, 100, 126
Sexualersatz 79
Sexualität 26, 33, 35, 39, 61, 65, 77, 79
sexuell 18, 26f, 29, 35ff, 39, 50ff, 56ff, 69, 71, 73, 77ff, 99, 126, 141, 156
sexuellen Phantasien 99
sexueller Freiheit 26
sexueller Missbrauch 57, 59, 69
sexuelle Stimulation 78
Sigils 30
Skalpell 18
Skeptiker (Magazin) 25, 34, 39f, 108
SM-Gruppen 79
Sondershausen 82
Sonne 5, 36, 39, 75, 98, 113, 131
Sonnenlicht 9, 97, 113, 128, 130f
Source 32
Soziale Phobie 138, 145

Spender (siehe auch *Donor*) 18f,
  42, 44, 54, 70, 80, 90, 99ff,
  123, 127
Stimmungsschwankungen 60, 68
Stoker, Bram 25, 27
Strigoi 11, 103
Sünde 27, 108

T
Tabus 25
Tanz der Vampire 93
Tempel 22
Teufelskreis 85
Therapie 29, 67, 71ff, 89
Therianthrop 117f
Tierblut 30, 38, 54, 127
Tiere 9, 38, 106, 117, 119, 127
Tod 47, 49, 103, 108, 140, 144
Toleranz 41, 74, 121f, 124
Tötungsdelikt 82
Transylvanian Society of Dracula 5f,
  103
Traum 7f, 12, 14, 25, 111
Traumatisierung 57, 59, 65
Triebe 26ff
Trinken von Blut 18, 41, 52, 54,
  79
Twilight 5, 26, 28, 40, 118, 134

U
Underworld 118
(Un)Toter 10
Unzugehörigkeit 125
Utah 27
UV-Strahlung 130

V
Vamping-Out 89
Vampir 5ff, 10f, 13ff, 17ff, 21ff,
  25, 27ff, 32, 40, 42, 47, 50,
  52, 76, 81f, 93f, 98, 103,
  105, 114, 118, 125, 157,
  160
Vampir-Boom 25
Vampir-Fan 5, 13, 134
Vampirbegeisterung 134
Vampirbücher 12
Vampirismus 7ff, 12ff, 16ff, 21,
  22f, 32f, 35, 50, 81ff, 90,
  124f, 131, 160
Vampirismus-Pandemien 12
Vampirmotive 13
Vampyrclub 5
Vampyrcommunity 129
Vampyre 5f, 28ff, 34ff, 38ff, 43ff,
  50, 52, 54, 56, 58f, 61, 68f,
  71, 76, 80f, 83, 85, 89, 94,
  119, 123ff, 133f, 137f
Vampyrismus 82, 84, 91, 117
Verdauung 44

Index

Verlangen 37, 41, 43, 45, 51f, 56, 68, 117, 119, 125f, 141
Verlangen nach Blut 41, 51, 56, 141
Verletzungen 16, 18, 44, 67
Verlorenheit 86
Vernachlässigung 57, 59, 69
Vertrauen 8, 42, 76, 121ff, 150
Vertrauensverhältnis 18
viktorianische Zeitalter 25
Vlad Țepeș 33
Volksmund 108

W

Wachsein 111
Warnfarbe 68
Werwölfe 118
Wikipedia 43, 114, 119
Wölfe 118f

X

Xeroderma pigmentosum 131

Y

Yelle 103
Youngson, Jeanne 103

Z

Zähne 106
Zdrowas Mario 108
Zmora 105ff, 109, 111
Zmoras Mario 108
Zwang 6, 51, 114
zwanghaft 38, 114
Zwangsgedanken 53ff, 141ff
Zwangsstörung 29, 39, 52, 56, 138, 141

Die Herausgeber

Lydia Benecke ist Psychologin mit Interessenschwerpunkt auf normabweichenden sexuellen Vorlieben sowie Persönlichkeits- und Traumastörungen.
Mark Benecke arbeitet international als Kriminalbiologe.

Bisher von Mark Benecke bei Edition Roter Drache

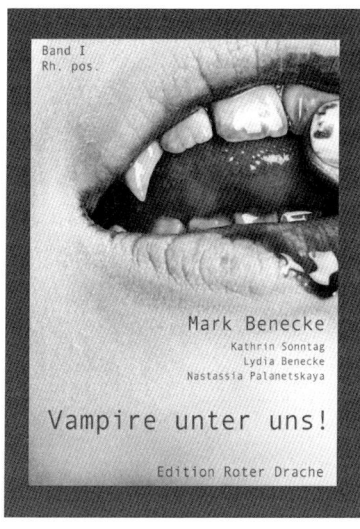

Mark Benecke
Kathrin Sonntag, Lydia Benecke
& Nastassia Palanetskaya
Vampire unter uns!
Band I - Rh. pos.

3. Auflage!

124 Seiten, 35 s/w und
8 farbige Abbildungen,
13,5 x 20,0 cm, Hardcover
ISBN 978-3-939459-24-8
€ 12,00

Vampire gibt es. Sie sind lebendig, sehen nicht schlecht aus und denken öfters an Blut und Hälse. Die älteren Semester sind verschattete Figuren oder Konzern-Chefs. Die jüngeren können hingegen sexy bis zum Anschlag sein. Eins haben sie alle gemeinsam: Es fehlt ihnen Energie. Und die müssen sie sich holen.
Der Kriminalbiologe Dr. Mark Benecke ist dem Phänomen des Vampirs nachgegangen und entdeckte diese Subkultur in den USA wie auch in Deutschland, wo sie unerkannt mitten unter uns verweilen. Angereichert wird dieses Buch mit einem Bericht von der letzten Vampirenterdigung, die sich im Juli 2004 in Marotinul des Sus (Rumänien) zugetragen hat so wie mit einem Interview mit einem weiblichen Vampir. Nach dem Lesen dieses Buches wird jedem klar sein, dass hinter dem Wort „Vampir" weit mehr steckt als eine literarische Fiktion.

Aus dem Verlagsprogramm

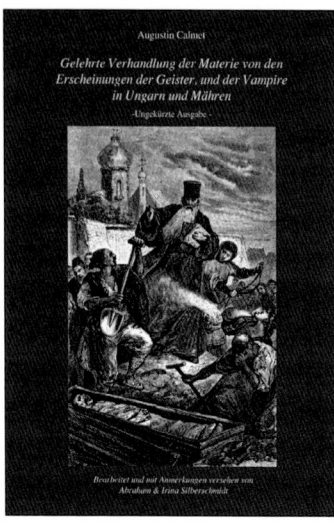

Augustinus Calmet
Gelehrte Verhandlung der Materie von den Erscheinungen der Geister, und der Vampire in Ungarn und Mähren
- Ungekürzte Ausgabe -

Mit Anmerkungen versehen von Abraham und Irina Silberschmidt

336 Seiten, 16,5 x 24,0 cm, Broschur
ISBN 978-3-939459-03-3
€ 22,80

Im 18. Jh. breitete sich in Europa eine Vampirhysterie aus, gleichsam als Ersatz für die verebbenden Hexenprozesse. Auslöser dafür waren aktenkundig gewordene Fälle von Vampirismus in Ungarn und Serbien. Eine Flut gelehrter und polemischer Traktate kam daraufhin ab den 1730er Jahren in Umlauf, und bot alle möglichen Erklärungsversuche. Wenigen dieser Abhandlungen war es jedoch beschieden, zu sogenannten Standardwerken zum Thema Vampirismus aufzusteigen, diese allerdings sind von hoher wissenschaftlicher Erkenntnis und Weitsicht.

Augustinus Calmet, welcher sich aus theologischer Sicht für dieses Phänomen interessierte, versuchte mit seinem Werk eine Summa dessen zu erfassen, was man von den Blutsaugern als wahr annehmen oder als falsch verwerfen könne. Doch damit allein nicht begnügt, behandelte er in dieser Schrift noch viel mehr: Er beschreibt alle möglichen Fälle über Besessenheit, Poltergeister, Gespenstererscheinungen, den Teufel und seine Macht, das Hexenwesen, die Zauberei, etc. und wie sich dies alles „auf die Vampire reimt", wie Calmet sagen würde. Es ist die umfangreichste Schrift, die je zu diesem Thema erschienen ist.

Die erste ungekürzte Ausgabe seit 1751!

Aus dem Verlagsprogramm

Leopold Hellmuth
Die germanische Blutsbrüderschaft

256 Seiten, DIN A5, Broschur
ISBN 978-3-939459-48-4
26,00 €

Unter Blutsbrüderschaft wird ein in vielen Völkern verbreitetes Ritual bezeichnet bei der durch das Vermischen von Blut ein verwandtschaftsähnliches Verhältnis zwischen den Beteiligten geschaffen wird.
Leopold Hellmuth beschreibt und erklärt in diesem Buch die nordgermanische Form der Blutsbrüderschaft, die eine besondere Nähe zur Person und zum Kult Odins aufwies. Neben den verschiedenen nordischen Quellen untersucht der Autor die einzelnen Elemente dieses Rituals und die damit verbundenen sozialen Konsequenzen (Rache, Totenfolge, Frieden, Erbrecht). Zudem vergleicht er die Merkmale der nordgermanischen Blutsbrüderschaft mit denen anderer Völker, um deren Gemeinsamkeiten wie die symbolische Blutmischung, aber vor allem deren Besonderheiten herauszuarbeiten, deren spiritueller Charakter und Familienferne.
Dieses Werk liefert somit nicht nur die Bloße wissenschaftliche Darstellung der historischen germanischen Blutsbrüderschaft, sondern macht diese für die Moderne wieder praktisch greifbar.

Aus dem Verlagsprogramm

Daniel Ogden
Nekromantie
*Das antike Wissen der
Totenbeschwörung durch Magie*

368 Seiten, mit zahlreichen Abb., 16,5 x 24,0 cm, Broschur
ISBN 978-3-939459-23-1
€ 24,80

In der heidnischen griechischen und römischen Welt existierte ein großes Interesse an der dunklen Kunst der Nekromantie – der magischen Konsultation der Toten zum Zwecke der Divination. Indem die Menschen auf Gräbern schliefen, Orakel aufsuchten, den Leichnam oder den Schädel wiederbelebten, gelangten sie an das Wissen der Toten. Dieses Buch wirft Licht auf das heidnische Gedankengut zur Nekromantie und deren Praxis, wie sie in der morbiden Athmosphäre der antiken Welt praktiziert und imaginiert wurde. Aber auch Nekromantie in den indigenen Gesellschaften Mesopotamiens, in Ägypten und bei den Juden und frühen Christen werden hier erwähnt. Es umfasst die zahlreichen Länder, in denen die griechische und römische Zivilisation gedieh.

Diese Untersuchung macht ohne Scham Gebrauch von einer großen Bandbreite literarischer und dokumentarischer Quellen; einige der wichtigeren Quellen werden besonders vorgestellt und kontextualisiert. Das Buch wird für alle von zentraler Bedeutung sein, die sich für das schnell wachsende und faszinierende Gebiet der Geister und der Magie im Altertum interessieren.

Aus dem Verlagsprogramm

Shekinah

Schriftenreihe für Schamanismus - Okkultismus - Parapsychologie - Magie

je 100-104 Seiten, zahlreiche Bilder, DIN A5, je 10,00 €

Shekinah ist ein esoterisch-okkultes Magazin im regalfreundlichen Buchformat und erscheint seit 2008. Lesen Sie u. a. folgende Beiträge:

Der Vampir von Equiamicus • *Come out whereever you are – Ein Interview über Vampyre mit Mark Benecke* von Holger Kliemannel • *Moderne Vampirfilme* von Nebelhexe • *Kampfeinheiten gegen Satans Armeen – Ein Interview mit Marcus Wegner* von Bernd Harder • *Schau jetzt besser nicht hin! Unerwarteter Besuch aus dem Dunkel* von Clemens Zerling • *Die Schwarze Messe* von Equiamicus • *Coitus cum demone: Inkubus und Succubus in der Legende und den okkulten Künsten* von Asenath Mason • *Über die Geburtshelfer des Teufels* von C. Stedler • *Hekate – Die dunkle Göttin* von Thomas Lautwein • *Al-Kemia – Persische und arabische Alchemie* von Thomas Karlsson • *Der Magus – eine Comicserie* von Voenix • *Dr. Johann Faust* von Equiamicus • *und weitere Themen.*

Ausgabe 1: ISBN 978-3-939459-11-8 **Ausgabe 5:** ISBN 978-3-939459-18-7
Ausgabe 2: ISBN 978-3-939459-12-5 **Ausgabe 6:** ISBN 978-3-939459-20-0
Ausgabe 3: ISBN 978-3-939459-13-2 **Ausgabe 7:** ISBN 978-3-939459-26-2
Ausgabe 4: ISBN 978-3-939459-16-3 **Ausgabe 8:** ISBN 978-3-939459-33-0